O MISTÉRIO
DA CEIA

RANIERO CANTALAMESSA

O MISTÉRIO DA CEIA

EDITORA
SANTUÁRIO

DIREÇÃO EDITORIAL:
Pe. Fábio Evaristo R. Silva, C.Ss.R.

COORDENAÇÃO EDITORIAL:
Ana Lúcia de Castro Leite

REVISÃO:
Viviane Sorbile
Denis Faria

DIAGRAMAÇÃO E CAPA:
Bruno Olivoto

Título original: *Il mistero dela cena*
Tradução de Pe. Orlando Gambi, C.Ss.R.

Dados Internacionais de Catalogação na Publicação (CIP)
(Câmara Brasileira do Livro, SP, Brasil)

Cantalamessa, Raniero
O Mistério da Ceia / Cantalamessa, Raniero; [tradução Orlando Gambi]. – Aparecida, SP: Editora Santuário, 1993.

ISBN 85-7200-134-4

1. Eucaristia I. Título. II. Série

93-0367   CDD-234.163

Índices para catalogo sistemático:

1. Ceia do Senhor: Teologia dogmática cristã 234.163
2. Eucaristia: Teologia dogmática cristã 234.163

18ª impressão

Todos os direitos em língua portuguesa
reservados à EDITORA SANTUÁRIO – 2025

Rua Pe. Claro Monteiro, 342 – 12570-045 – Aparecida-SP
Tel.: 12 3104-2000 – Televendas: 0800 0 16 00 04
www.editorasantuario.com.br
vendas@editorasantuario.com.br

1
"CRISTO, NOSSA PÁSCOA, FOI IMOLADO"

Nesta primeira meditação quero posicionar o mistério da ceia dentro da história da salvação. Deus revelou-se aos homens no contexto de uma história que, por seu objeto e seu fim, pode chamar-se "história da salvação". Dentro da história do mundo visível e possível de documentação, desenvolve-se uma outra história cujo fio condutor não são as guerras, a paz ou as invenções do homem – como é a história humana – mas são as "invenções" de Deus, as maravilhas de Deus, as maravilhosas e benévolas intervenções de Deus. Tudo o que Deus realizou fora de si (*ad extra*), a partir da criação até a parusia faz parte desta história. A vinda de Cristo na encarnação marca a história com um salto de qualidade, como um rio quando chega a uma eclusa e atinge um nível mais alto. Tudo o que Cristo fez faz parte da história da salvação. Também o seu silêncio e a sua vida oculta em Nazaré pertencem à história. O seu tempo é "o centro dos tempos" e "a plenitude dos tempos". Mas a história da salvação continua depois dele, e nós também fazemos parte dela. A vida de cada fiel, do batismo até a morte, é uma pequena história de salvação.

É o microcosmo da salvação, enquanto que a outra história, a que vai da criação até a parusia, é o macrocosmo. A vinda final de Cristo marcará toda esta longa história com um novo salto de nível que irá, desta vez, da história àquilo que está acima dela, do tempo à eternidade, da esperança à posse e da fé à glória.

Portanto, nós vivemos na plenitude dos tempos inaugurada pela encarnação, num ponto situado entre um "já" e um "ainda não". Imaginando a história como uma linha que se prolonga no tempo, podemos indicar o que "já" se realizou por uma linha contínua que vai até o momento presente, e depois, o que "ainda não" aconteceu, e esperamos que se cumpra, com uma linha pontilhada que pode ser interrompida a qualquer momento, uma vez que o Senhor poderá voltar nesta mesma noite.

Se nos perguntamos: que lugar ocupa a Eucaristia na história da salvação? Em que ponto desta linha podemos situá-la? A resposta é: ela não ocupa lugar. Ela é toda a linha! A Eucaristia é coextensiva à história da salvação. Toda a história da salvação está presente na Eucaristia, e a Eucaristia está presente em toda a história da salvação. Como uma gota de orvalho presa a um ramo, de manhã, pode refletir toda a amplidão do céu, assim também a Eucaristia pode espelhar toda a história da salvação.

Mas, a Eucaristia está presente no tempo e na história da salvação de três modos diferentes. Está presente no Antigo Testamento como *figura*. Está presente no Novo Testamento como *acontecimento*.

Está presente na Igreja a que pertencemos, como *sacramento*. A figura antecipa e prepara o acontecimento, e o sacramento "prolonga" e atualiza o acontecimento.

1. As figuras da Eucaristia

No Antigo Testamento, dizia eu, a Eucaristia está presente como "figura". Todo o Antigo Testamento era uma preparação da ceia do Senhor. *Um homem deu um grande banquete.* "Quem é esse homem – exclama Santo Agostinho – se não o mediador entre Deus e os homens, Cristo Jesus? *Na hora marcada, enviou seu empresário para dizer aos convidados: Venham, já está pronto!* (Lc 14,16s.). Quem eram os convidados se não os que foram chamados pelos profetas? Sempre, desde o começo de seu envio, os profetas convidavam para a ceia do Senhor. Foram enviados ao povo de Israel. Muitas vezes foram enviados. Muitas vezes convidaram para que todos viessem à ceia em tempo oportuno" (*Sermo* 112; PL 38,643).

Esta expectativa da ceia, além do que disseram os profetas, apareceu mais claramente nas figuras ou nos "tipos", isto é, nos sinais ou ritos concretos que foram a preparação e quase um "esboço" da ceia do Senhor.

Uma destas figuras foi o maná, lembrada pelo próprio Cristo (cf. Êx 16,4ss.; Jo 6,31ss.). Outra figura foi o sacrifício de Melquisedec, que ofereceu pão e vinho (cf. Gn 14,18; Sl 110,4; Hb 7,1ss.). Uma terceira figura foi o sacrifício de Isaac. Na sequência "Lauda Sion Salvatorem" composta por Santo Tomás de Aquino para a festa do "Corpo de Cristo", a liturgia canta: "Oculto sob figuras: imolado em Isaac, mostrado no cordeiro pascal, dado aos pais como maná". Dessas três figuras da Eucaristia, uma é mais do que uma "figura". É a preparação e quase um ensaio dela: a Páscoa! E da Páscoa que a Eucaristia toma a fisionomia de banquete ou ceia pascal. É em referência à Páscoa que

Cristo é chamado "o Cordeiro de Deus". Desde a saída do Egito Deus já imaginava a Eucaristia e pensava em dar-nos o verdadeiro Cordeiro: *Vendo o sangue* – disse o Senhor – *passarei adiante* (Êx 12,13), isto é, eu vos levarei a "fazer Páscoa", eu vos pouparei e vos salvarei. A respeito disso, os Padres da Igreja perguntavam: que é que o Senhor teria visto de tão precioso nas casas dos hebreus para "passar adiante" e dizer a seu anjo para não feri-los? E eles mesmos respondiam: O Senhor viu o sangue de Cristo, viu a Eucaristia! Um dos primeiros textos pascais da Igreja tem essas palavras: "O mistério novo! O mistério insondável! A imolação do cordeiro torna-se salvação para Israel, a morte do cordeiro torna-se vida para o povo e o sangue atemorizou o anjo (cf. Êx 12,23). Responde-me, ó anjo de Deus: que é que te fez temer, a imolação do cordeiro ou a vida do Senhor? A morte do cordeiro ou a vida do Senhor? O sangue do cordeiro ou o Espírito do Senhor? Teu espanto está claro no que viste. Viste o mistério do Senhor que se cumpriu no cordeiro. Viste a vida do Senhor na imolação do cordeiro. Viste a figura do Senhor na morte do cordeiro. Por isso é que não feriste Israel" (Melitão de Sardes, *Sobre a Páscoa*, 31ss.; SCh 123, p. 76s.). "Qual não há de ser a força da *realidade* (da Páscoa cristã), se já sua simples *figura* foi causa de salvação?" (Ps. Hipólito, *Sobre a Páscoa,* 3; SCh 27, p. 121). Santo Tomás de Aquino chama os ritos do Antigo Testamento de "sacramentos da antiga Lei" por causa da eficácia que tinham como figuras da Eucaristia (*Summa Theologica,* III, q. 60, a. 2,2).

No tempo de Cristo, o rito da Páscoa era celebrado em dois tempos. No primeiro tempo fazia-se a imolação do cordeiro no templo de Jerusalém, na tarde de 14 de Nisan. No segundo tempo fazia-se a consumação da vítima na ceia pascal, na noite de 14 de Nisan, em todas as famílias. Durante a liturgia da ceia o pai de família, que só nesta ocasião era revestido da dignidade sacerdotal, presidia e explicava aos filhos o significado dos ritos. Nesta mesma ocasião fazia também a todos um resumo de todas as maravilhas que Deus fizera em benefício de seu povo. No tempo de Cristo a Páscoa passou a chamar-se "memorial" não só para lembrar a saída do Egito, mas também para lembrar todas as outras intervenções de Deus na história de Israel. A Páscoa era o memorial e o aniversário das quatro noites mais importantes do mundo: a noite da criação, quando a luz brilhou nas trevas. A noite do sacrifício de Isaac, oferecido por Abraão. A noite da saída do Egito, e a noite, ainda futura, da vinda do Messias (*Targum sobre Êx* 12,42).

Portanto, a Páscoa hebraica era um *memorial* (conforme a palavra de Êx 12,14) e era também uma expectativa. O drama aconteceu quando, ao vir o Messias esperado, ele não foi reconhecido, e "fizeram dele o que quiseram", e o mataram precisamente durante uma festa de Páscoa. Mas, precisamente porque o mataram, realizaram a figura e cumpriram o que se esperava há séculos. Imolaram o verdadeiro Cordeiro de Deus. Enquanto, naqueles dias, como era costume dos judeus, Jerusalém fervilhava de gente para a celebração da Páscoa, ninguém suspeitava que numa "sala alta" da cidade estava acontecendo uma coisa que por muitos séculos todos esperaram. Cristo, depois de ter tomado o pão e dado graças, partiu-o e entregou a seus discípulos, dizendo: *Isto é o meu corpo que é dado por vocês: façam isto para celebrar a minha memória* (Lc 22,19). Esta palavra "memória" faz-nos lembrar imediatamente que esta mesma palavra estava contida no Êxodo, e faz-nos pensar numa nova instituição da Páscoa. Na verdade, permanece o antigo memorial, mas mudou – ou melhor, cumpriu-se – o seu conteúdo. De agora em diante a Páscoa será memorial de uma outra imolação e de uma outra passagem. "Tu és bendita, ó noite última, porque em ti se cumpriu a noite do Egito. O Senhor nosso Deus comeu em ti a pequena Páscoa e tornou-se ele mesmo a grande Páscoa; a Páscoa substituiu a Páscoa, a festa substituiu a festa. Eis a Páscoa que passa, e a Páscoa que fica. Eis a figura e o seu cumprimento" (Santo Efrém, *Hinos sobre a crucifixão,* 3,2; Th.I. Lamy, 1882, p. 656).

2. A Eucaristia como acontecimento

Já estamos na plenitude dos tempos, onde a Eucaristia não é mais figura, mas realidade. Com isso não fica destruído o conteúdo da antiga Páscoa, mas a esse conteúdo sobrepõe-se um outro infinitamente mais importante que o "penetra" e supera. Essa grande novidade transparece esplendidamente nesta exclamação de São Paulo: Cristo, nossa Páscoa, foi imolado! (1Cor 5,7). Por isso a Eucaristia pode ser chamada "o mistério antigo e novo. Antigo na prefiguração. Novo na realização" (Melitão de Sardes).

Mas, em que consiste propriamente o acontecimento que fundamenta a Eucaristia e realiza a nova Páscoa? Sobre esse ponto, há nos evangelhos duas respostas que, embora diversas, se complementam. Juntas, elas nos permitem ter uma visão mais clara do mistério, como uma coisa vista sob dois ângulos diferentes. A Páscoa dos hebreus – como vimos – desenrolava-se em dois tempos e em dois lugares diversos: a imolação no templo e a ceia nas casas. Pois bem, o Evangelista São João dá preferência ao momento da imolação. Para ele, a Páscoa cristã – portanto, a Eucaristia – foi instituída na cruz, no momento em que Jesus, verdadeiro Cordeiro de Deus, foi imolado. O evangelista estabelece um singular sincronismo em seu evangelho. De um lado, ele sublinha continuamente a aproximação da Páscoa dos judeus ("faltavam seis dias para a Páscoa dos judeus", "era o dia antes da Páscoa", "era o dia da Páscoa"). Depois, sublinha a aproximação da "hora" de Jesus, a hora de sua "glorificação", isto é, de sua morte. Trata-se de um aproximar-se "temporal", com dia e hora marcados, e de um aproximar-se "espacial" até Jerusalém. Há uma convergência destes dois movimentos e eles se cruzam no Calvário na tarde de 14 de Nisan, precisamente no momento em que no templo iniciava a imolação dos cordeiros pascais. Para sublinhar mais claramente ainda essa coincidência, João põe em relevo o fato de que a Jesus, na cruz, "nenhum de seus ossos será quebrado" (Jo 19,36), de acordo com a prescrição da lei sobre a vítima pascal (Êx 12,46). Tem-se a impressão que o evangelista queria fazer suas, naquele momento, as palavras do Batista para proclamar solenemente ao mundo, mostrando Jesus na cruz: *Aí está o Cordeiro de Deus, que tira o pecado do mundo!* (Jo 1,29).

Os outros três evangelistas, os Sinóticos, ao contrário de João, dão preferência ao momento da ceia. E na ceia, precisamente na instituição da Eucaristia que, para eles, se cumpre a passagem da antiga à nova Páscoa. Eles dão um grande destaque à preparação da última ceia pascal celebrada por Jesus antes de morrer:

Onde está a sala em que poderei comer a Páscoa com os meus discípulos? (Lc 22,11). Podemos dizer que a ceia nos Sinóticos antecipa e contém já o acontecimento da imolação de Cristo, como a ação simbólica, às vezes, antecipa, nos profetas, o acontecimento anunciado. A ação simbólica ou o gesto profético – como, por exemplo, o quebrar a bilha, em Jeremias (19, 1ss.), ou o deitar-se por terra, em Ezequiel (4,4ss.) – não é uma simples ilustração didática do anúncio oral. É "uma prefiguração criadora da realidade futura a ser seguida por uma atuação imediata. No momento em que o profeta, mesmo que o sinal seja de dimensões restritas, introduz o futuro na história, o futuro já começa a atuar-se e então o sinal do profeta toma a forma sublime de discurso profético" (G. von Rad). "Os sinais proféticos são o realizar-se concreto da palavra de Javé, e são acontecimentos que antecipam o que a Palavra de Deus predisse sobre a história" (W. Ziminerli).

Sob esta luz, o gesto de Jesus, de partir o pão e instituir a Eucaristia na última ceia, é a suprema ação simbólica e profética da história da salvação; tem a mesma linha das ações simbólicas dos profetas, e até as supera tanto quanto a palavra de Jesus é superior à dos profetas, tanto quanto a pessoa de Jesus é mais divina do que a dos profetas. Ao instituir a Eucaristia, Jesus anuncia proficamente e antecipa sacramentalmente o que vai acontecer pouco depois – a sua morte e ressurreição – introduzindo já o futuro na história. A pregação de Jesus anuncia o reino de Deus chegando. A instituição da Eucaristia é a ação profética que antecipa o cumprimento deste anúncio que se transforma na realidade da morte e ressurreição de Cristo. Os Padres (especialmente os Padres siríacos) sentiam tão fortemente este realismo do gesto de Cristo, que se acostumaram a contar os três dias da morte de Jesus não a partir do momento em que morre na cruz, mas do momento em que, no cenáculo, "partiu o seu corpo para os seus discípulos" (Santo Efrém, *Com. Ao Diatess.* 9,4; SCh. 121. p. 333). Trata-se, portanto, de um mesmo acontecimento fundamental, que os Sinóticos apresentam antecipado na ação simbólica e sacramental da Eucaristia, e que João apresenta na sua plena e definitiva manifestação sobre a cruz.

João acentua o momento da imolação *real* (a cruz), ao passo que os Sinóticos acentuam o momento da imolação *mística* (a ceia). Mas trata-se de um mesmo acontecimento observado sob dois pontos de vista diferentes, e esse acontecimento é a imolação de Cristo. "Na ceia – diz Santo Efrém – Cristo mesmo se imolou. Na cruz ele foi imolado" (*Hinos sobre a crucifixão* 3,1; ed. Lamy, 1882, p. 655). Na verdade, ninguém podia tirar-lhe a vida, se ele mesmo não a tivesse oferecido livremente, tendo o poder de dá-la e de retomá-la de novo (cf. Jo 10,18).

O acontecimento que institui a Eucaristia é, pois, a morte e ressurreição de Cristo, o seu "dar a vida para retomá-la de novo". Dizemos acontecimento porque é um fato que historicamente aconteceu, um fato único no tempo e no espaço. Um fato que aconteceu uma única vez (*semel*) e é irrepetível: Cristo, *uma vez por todas, no final dos tempos, se manifestou para destruir o pecado pelo seu sacrifício* (Hb 9,26). Mas, não se trata só de simples "fatos". Estes fatos têm uma razão de ser, um "porquê" que é como a alma de todos eles. É o amor. A Eucaristia nasce do amor. Eis o motivo que explica tudo: porque nos amava. *Cristo que os amou e se entregou a Deus por nós, como oferta e sacrifício de perfume suave* (Ef 5,2). Eis a melhor descrição da origem e da essência da Eucaristia. Ela nos aparece como obra e dom de toda a Trindade. Toda a Trindade está implicada na instituição da Eucaristia: há o Filho que se oferece, há o Pai ao qual se oferece e há o Espírito Santo no qual se oferece (cf. Hb 9,14).

Toda a Trindade participa do sacrifício do qual nasce a Eucaristia. Não é só Jesus. Isto nos leva a corrigir uma ideia errada que podemos ter com respeito ao Pai. Certa cultura moderna, estulta e sacrilegamente, tenta transferir a Deus Pai algumas prevenções que a psicanálise tornou familiares sobre os pais terrenos. Assim, imagina-se o Pai impassível nos céus, e pronto para receber a oferta do sangue de seu Filho enquanto ele morre na cruz. Um Pai que apenas recebesse e que não se doasse, que pedisse o sangue do próprio Filho como preço de resgate, não inspiraria mais que espanto e repugnância! Mas esta é uma representação totalmente falsa. São Paulo diz que o Pai *não poupou o próprio Filho; mas o entregou por todos nós* (Rm 8,32). "Por todos nós": aqui está a chave do segredo, que nos faz compreender tudo. Se o Pai encontra agrado no sacrifício do Filho é porque esse restituiu-lhe "todos os filhos dispersos" (cf. Jo 11,52) e lhe permitiu realizar seu maior desejo: "que todos os homens sejam salvos" (cf. 1Tm 2,4). O Pai ama Jesus com um amor imenso porque ele se sacrificou pelos irmãos. Mas, entendamos bem. Não porque simplesmente se sacrificou, mas porque se sacrificou pelos irmãos. Deus continua sendo sempre o Deus que "quer misericórdia, e não sacrifício" (Os 6,6). Se lhe agradou o sacrifício do Filho, é porque com ele pode usar de *misericórdia* com o mundo.

Portanto, o Pai não é apenas aquele que recebe o sacrifício do Filho, mas é também aquele que dá o Filho em sacrifício, que faz o sacrifício de nos dar o seu Filho! Se Jesus – como dizia São Paulo – ofereceu-se a si mesmo a Deus "por nós", então o destinatário do sacrifício, sem dúvida, é Deus, mas o beneficiário é o homem, somos nós. Nisto é que se distingue o sacrifício cristão de qualquer outro sacrifício.

Poderíamos continuar falando longamente sobre o acontecimento da cruz, fonte original da Eucaristia. É de uma riqueza incomparável e inexaurível! Visto dentro da história do mundo, este acontecimento parece ter sido nada, tão breve foi e aparentemente tão sem importância. Mas nele havia toda a força de salvação da história e do mundo. Por analogia, podemos dizer que sua força é como a do átomo, imensa e poderosa, embora minúscula e sem tamanho. Quase insignificante!

Querendo referir-se ao acontecimento da cruz, Jesus, certa vez, disse: *Eu vim trazer fogo à terra, e como gostaria que já estivesse aceso!* (Lc 12,49). Realmente, na cruz, tudo se cumpriu. Não dá para pensar em nada que seja mais sublime, nem fazer nada que seja de maior importância. A cruz absorveu todos os recursos divinos e humanos. Todo o mal foi vencido. Toda a salvação foi-nos dada, e à Trindade foi dada toda a glória.

3. A Eucaristia como sacramento

Agora consideremos a Eucaristia em seu terceiro tempo na história da salvação, no tempo da Igreja no qual vivemos. Ela está presente agora como sacramento, sob as espécies do pão e do vinho. Jesus instituiu este sacramento na última ceia com as palavras: *Fazei isto em memória de mim.*

Importa que entendamos bem a diferença que há entre o acontecimento que descrevemos e o sacramento, entre a história e a liturgia. Temos a ajuda de Santo Agostinho.

Nós – diz o santo doutor – sabemos e cremos com firmíssima certeza que Cristo morreu uma só vez por nós, ele o justo e nós os pecadores, ele o Senhor e nós os servos. Sabemos perfeitamente que isto aconteceu uma só vez. Entretanto, o sacramento o renova periodicamente como se devesse repetir-se mais vezes o que a história diz ter acontecido apenas uma vez. Contudo, acontecimento e sacramento não estão em contradição, como se o sacramento fosse ficção e só o acontecimento fosse verdade. De fato, o que a história afirma ter acontecido, na realidade, apenas uma vez, o sacramento renova *(renovat)* muitas vezes pela celebração no coração dos fiéis. A *história* mostra o que aconteceu uma só vez e como aconteceu. A *liturgia* faz com que o passado não seja esquecido, não no sentido de fazer acontecer de novo (*non faciendo*), mas no sentido de celebrá-lo (*sed celebrando*). (Cf. Santo Agostinho, *Ser.* 220; PL 38, 1089).

Precisar o nexo que há entre o sacrifício da cruz e a Missa é uma coisa muito delicada. Isto tem sido sempre um dos pontos de maior discordância entre católicos e protestantes. Santo Agostinho usa, como vimos, duas palavras: *renovar e celebrar*, que são exatíssimas, se as entendemos como uma sendo luz para a outra: a Missa renova o acontecimento da cruz celebrando (não reiterando!) e o celebra renovando (não somente recordando!). Hoje a palavra em uso para um maior consenso ecumênico é *representar* (usada também por Paulo VI na encíclica "Mysterium fidei") que deve ser entendida no sentido forte de representar, isto é, fazer novamente presente.

Segundo a história houve uma só Eucaristia, a que Jesus realizou com sua vida e sua morte. Segundo a liturgia, ao contrário, graças ao sacramento instituído por Jesus na última ceia, há tantas eucaristias quantas são e quantas forem as celebrações que se fizerem da Eucaristia até o fim do mundo. O acontecimento realizou-se uma só vez (*semel*), mas o sacramento realiza-se "toda vez" (*quotienscumque)*.

Graças à Eucaristia nós nos tornamos, misteriosamente, contemporâneos do acontecimento. O acontecimento se faz presente a nós, e nós a ele. Na liturgia da noite da Páscoa, os hebreus do tempo de Jesus diziam: "Em todas as gerações, cada um deve considerar-se a si mesmo presente, como se estivesse, em pessoa, saindo do Egito naquela noite" (*Pesachim* X, 5). Aplicado a nós, os cristãos, este texto diz que cada um de nós, em todas as gerações, deve considerar a si mesmo presente debaixo da cruz, naquela tarde, junto de Maria e de São João. Sim, nós estávamos lá. Lá "todos nós nascemos". Quando escuto aquele "spiritual" negro que diz: "Tu estavas lá, também tu, aos pés da cruz de Cristo?", sempre dou a mim mesmo a mesma resposta: Sim, eu também estava lá junto da cruz do Senhor!

Mas, não é só a nós que o sacramento da Eucaristia faz presente o acontecimento da cruz. Isto seria pouco. Ela o faz presente, sobretudo, ao Pai. Em cada "fração do pão", quando o sacerdote parte a hóstia, quebra-se de novo, por assim dizer, o vaso de alabastro da humanidade de Cristo, como aconteceu na cruz, e exala o perfume de sua obediência para abrandar de novo o coração do Pai. Quando Isaac sentiu o perfume das vestes de Jacó, disse para abençoá-lo: *Eis o perfume de meu filho. É como o perfume dos campos que o Senhor abençoou!* (Gn 27,27).

Se alguém perguntasse, como é possível que o acontecimento da cruz, que aconteceu e terminou como qualquer outro fato da história, continue sendo atual até hoje, a resposta é simples e única: o Espírito Santo! Retomando um texto de São Basílio, o Papa Leão XIII, em sua encíclica sobre o Espírito Santo, diz que "Cristo cumpriu toda a sua obra, e especialmente o seu sacrifício, com a intervenção do Espírito Santo *(praesente Spiritu)"*. Na Missa, antes da comunhão, o sacerdote diz essas palavras, rezando: "Senhor Jesus Cristo, Filho de Deus vivo, que pela vontade do Pai e *por obra do Espírito Santo, morrendo deste vida ao mundo...*" Tudo isso baseia-se nas palavras da Eucaristia que diz que Cristo, *impelido pelo Espírito eterno, se ofereceu a Deus como vítima sem mancha* (Hb 9,14). Estas palavras lançam sobre o acontecimento da cruz uma luz nova: aparece como um acontecimento "espiritual", no sentido de ter acontecido por ação do Espírito Santo. Foi o Espírito Santo, que é amor, que suscitou nas profundezas da alma humana de Cristo o movimento de autodoação de si mesmo ao Pai, por nós, e que o levou a abraçar a cruz.

O Espírito Santo é chamado, nessas alturas, Espírito "eterno". Eterno significa aqui o que está destinado a não ter fim, como tiveram os sacrifícios do Antigo Testamento, mas que dura sempre, até o fim dos séculos. Graças ao Espírito "eterno", Jesus nos alcançou uma salvação "eterna" (Hb 9,12). O sacrifício da cruz, por si, terminou no momento em que Jesus, inclinando a cabeça, expirou. Mas, havia aí uma chama escondida, brilhando como um fogo, que nem mesmo a morte podia mais apagar. Jesus de Nazaré, como tal, não fica conosco "sempre" porque volta ao Pai. Mas, seu Espírito fica conosco "eternamente" *(in aeternum)*. É o próprio Jesus quem diz isso. Aos judeus que lhe objetavam: *Nós aprendemos da Lei que o Messias permanece para sem-*

pre. Como podes dizer: É preciso que o Filho do homem seja levantado? (Jo 12,34), Jesus responde indiretamente pouco depois, dizendo: *E eu rogarei ao Pai e ele lhes dará outro Paráclito, para ficar sempre com vocês* (Jo 14,16). Cristo permanece para sempre dando a seus discípulos o seu Espírito que com eles permanece e há de permanecer enquanto o tempo for tempo.

Daí se pode compreender porque o sacrifício da cruz, em certo sentido, dura até nossos dias. Como toda a vida de Jesus, este sacrifício termina e não termina, é momentâneo e duradouro: é momentâneo segundo a história; é duradouro segundo o Espírito. Os sacramentos da Igreja, e, de um modo especial, a Eucaristia, são possíveis por causa do Espírito de Jesus que está na vida da Igreja. Este é o fundamento teológico do qual brota a importância da epícleses, isto é, da invocação do Espírito Santo, na Missa, no momento da consagração das oferendas.

Na cruz, Jesus, inclinando a cabeça "expirou", isto é, "entregou o Espírito" (cf. Jo 19,30). Cada Missa é aquele momento interminável em que Jesus entregou o Espírito, como se quisesse pairar sobre nós flutuando no ar, por assim dizer, para enriquecer a assembleia de sua presença. Repete-se de um modo todo espiritual e invisível o prodígio que o profeta Elias fez acontecer por força de sua oração, quando um fogo desceu do céu e queimou toda a lenha do holocausto, consumindo o sacrifício (cf. 1Rs 18,20).

Assim também nós, se celebrarmos – como fez Jesus na cruz – a nossa Missa "em companhia do Espírito Santo", ele nos dará maior concentração e iluminará com nova luz as nossas celebrações. Na verdade, ele fará de nós – como pedimos no cânon da Missa – "um sacrifício perene e agradável, de louvor a Deus".

2
"ESTE É MEU CORPO QUE É OFERECIDO EM SACRIFÍCIO POR VÓS"

*A Eucaristia faz a Igreja
mediante a consagração*

Na meditação anterior vimos a Eucaristia na história da salvação. Aí ela aparece sucessivamente como figura, como acontecimento e como sacramento. A seguir, voltaremos nossa atenção para a Eucaristia-sacramento, como nós a tomamos hoje na Igreja. Sob essa nova perspectiva a Eucaristia não está mais no centro de uma linha (a que vai do êxodo à parusia), mas, no centro de um círculo. Este círculo representa, de um modo ideal, a Igreja como existe hoje, em concreto. Podemos imaginar três círculos concêntricos: um círculo maior que é todo o universo. Dentro dele, um círculo menor que é a Igreja. Finalmente, um círculo menor ainda (embora, na realidade, contenha todo o universo), que é a Hóstia. A Eucaristia aparece-nos como o centro e o sol não só da Igreja, mas também de todo o resto da humanidade e de todo o universo, também inanimado. Só há uma diferença: a

Igreja tem por centro o Cristo, e sabe disso. O universo tem por centro o Cristo, sem, contudo, sabê-lo.

A relação Eucaristia-Igreja, que agora passa a ser matéria de nossa reflexão, não é uma relação estática, mas dinâmica e operativa. Por isso não basta dizer que a Eucaristia *está* no centro da Igreja. É preciso dizer ainda que ela *faz* a Igreja! Ela a constrói por dentro, e a envolve por fora como uma veste. Há dois sacramentos que, de um modo particular, "fazem" a Igreja. São o Batismo e a Eucaristia. Mas, se o Batismo faz crescer a Igreja em extensão e em número, isto é, quantitativamente, a Eucaristia a faz crescer em intensidade, qualitativamente, porque a transforma sempre mais em profundidade à semelhança de Cristo, a Cabeça.

O reino do céu é semelhante ao fermento que uma mulher pôs em três medidas de farinha (cf. Mt 13,33). A Eucaristia também é fermento. Cristo o pôs na massa, que é a Igreja, para "crescer" e fazê-la toda fermentada; para fazê-la "pão" como Ele! Se a Igreja é o fermento do mundo, a Eucaristia é o fermento da Igreja.

Há diversos modos ou momentos em que a Eucaristia "faz" a Igreja transformando-a em Cristo: mediante a consagração, mediante a comunhão, mediante a contemplação e a imitação. Vamos refletir sobre o primeiro desses modos ou momentos. A Eucaristia faz a Igreja mediante a consagração.

1. "Partiu o pão"

O apóstolo Paulo, em sua carta aos Romanos, diz: Irmãos, pela misericórdia de Deus eu lhes peço: ofereçam seus corpos como sacrifício vivo, santo e agradável a Deus, pois este é o culto espiritual que vocês devem prestar (Rm 12,1). Irresistivelmente essas palavras do apóstolo nos fazem lembrar o que Cristo disse na última ceia: "Tomai e comei, este é meu corpo oferecido por vós em sacrifício". Quando, pois, o apóstolo nos exorta a oferecer nossos corpos em sacrifício, faz como quem quisesse dizer: Fazei também vós o que Cristo fez. Fazei-vos também vós eucaristia por Deus! Ele se ofereceu a Deus em sacrifício de suave odor. Oferecei-vos também vós em sacrifício vivo e agradável a Deus!

Mas, não é só o apóstolo. O próprio Cristo também nos exorta a fazer isso. Quando estava terminada a cerimônia da instituição da Eucaristia, ele ordenou aos discípulos: *Façam isto para celebrar a minha memória* (Lc 22,19). De fato, ele não queria dizer apenas que fizessem exatamente os gestos que ele fizera, e repetissem o rito que cumprira. Ele quis dizer muito mais: fazei a substância de tudo o que eu fiz; oferecei também vós o vosso corpo em sacrifício, como vistes que eu fiz do meu! *Pois eu lhes dei o exemplo, para que façam como eu fiz* (Jo 13,15). Há nessa ordem de Cristo qualquer coisa de urgente e preocupante. Nós somos o "seu" corpo, os "seus" membros (cf. 1Cor 12,12ss.). Por isso o sentido que se dá às palavras de Cristo é este: Permiti que eu ofereça ao Pai o meu corpo, que sois vós. Não impeçais de oferecer-me ao Pai. Eu não posso oferecer-me totalmente ao Pai enquanto houver um só dos membros de meu corpo que se recuse a oferecer-se comigo! Sede o que falta para que minha oferta seja perfeita. Fazei que minha alegria seja plena!

Portanto, olhemos sob esta nova ótica o momento da consagração, uma vez que já sabemos – como dizia Santo Agostinho – que "é o mistério de todos nós que se celebra sobre o altar" *(Ser. 272; PL 38, 1247).*

Eu disse que para celebrar a Eucaristia precisamos "fazer" o que Jesus fez. Que é que Cristo fez naquela noite? Antes de tudo, cumpriu o ritual de um gesto. Partiu o pão. Todos os relatos da instituição da eucaristia põem em relevo este gesto. Tanto isso é verdade que a Eucaristia tomou logo o nome de "fracção do pão" *(fractio panis)*. Mas, é provável que ainda não tenhamos compreendido todo o significado deste gesto. Por que Cristo partiu o pão? Teria feito isso só para dar um pedaço a cada um dos discípulos? Não! Seu gesto tinha, antes de tudo, o sentido de um sacrifício que se consumava entre Jesus e o Pai. Não significava apenas condivisão, mas também imolação. O pão é ele mesmo. Partindo o pão, Jesus "partia" a si mesmo, no sentido de Isaías ao falar do Servo de Javé: aniquilou-se por causa de nossos pecados (cf. Is 53,5). Uma criatura humana – que é o próprio Filho eterno de Deus – aniquila-se diante de Deus, isto é, "obedece até a morte" para reafirmar os direitos de Deus violados pelo pecado, e para proclamar que Deus é Deus, e pronto. É impossível explicar com palavras qual a essência do ato interior que acompanha o gesto de partir o pão. Parece-nos ser um ato duro e cruel, mas, na verdade, é o supremo ato de amor e de ternura que jamais houve ou poderá haver na terra. Quando, na consagração, tenho em minhas mãos a pequenina hóstia e digo as palavras "partiu o pão...", experimento a sensação de ter os mesmos sentimentos que naquele momento havia no coração de Jesus, de inteira submissão de sua vontade humana à vontade do Pai vencendo toda resistência nos moldes daquela célebre passagem da Escritura: Holocaustos e sacrifícios pelos pecados não te agradam, e tu me preparaste um corpo. Eis que agora eu te ofereço este corpo que me deste. Eu venho, ó Deus, para fazer a tua vontade (Hb 10,5-9). O que Jesus dá a comer a seus discípulos é o pão de sua obediência e de seu amor ao Pai.

Agora entendo que para "fazer" o que Jesus fez naquela noite, devo, a seu modo, "aniquilar-me" também, isto é, depor toda soberba contra Deus e aversão contra ele e os irmãos. Devo quebrar o meu orgulho, inclinar-me e dizer "sim", de coração, a tudo o que Deus me pede. Devo repetir as palavras de Jesus: Eis que eu venho, ó Deus, para fazer a tua vontade! Tu não queres de mim, coisas. Queres que eu te diga "sim". Ser eucaristia como Jesus significa abandonar-se todo à vontade do Pai.

2. "Tomai e comei..."

Depois de ter partido o pão e enquanto o dava a seus discípulos, Jesus pronunciou algumas palavras. Disse: *Tomem e comam, isto é o meu corpo que é dado por vocês* (Mt 26,26; Lc 22,19). A propósito disto, quero expor minha experiência para dizer como cheguei a descobrir que também essas palavras devem ser tomadas como "nossas", a par do gesto de partir o pão. Quero dizer também como cheguei a descobrir o peso e o valor eclesial e pessoal da consagração eucarística.

Até poucos anos atrás durante a missa eu agia de um modo que hoje não mais me satisfaz. Na hora da consagração eu fechava os olhos, inclinava a cabeça e procurava alhear-me a tudo o que me cercava. Queria, deste modo, identificar-me com Jesus que, no cenáculo, antes de morrer, pronunciou pela primeira vez as palavras: *Tomai e comei...* A própria liturgia favorecia tal atitude querendo que o sacerdote pronunciasse as palavras da consagração em voz baixa e em latim, inclinando-se sobre as espécies. Um dia entendi que este ritual não expressava, por si só, todo o significado de minha participação na consagração. O Jesus do cenáculo não existe mais! O Jesus que agora existe é ressuscitado. Para ser mais exato, o Jesus que morrera, agora vive para sempre (cf. Ap 1,18). Este Jesus é o "Cristo total", Cabeça e corpo inseparavelmente unidos. Portanto, se é este Cristo total que pronuncia as palavras da consagração, também eu devo pronunciá-las com ele. Neste "EU" grande da Cabeça está oculto o pequeno "eu" do corpo, que é a Igreja. Está oculto também o pequeníssimo "eu" de meu ser, e esse também diz a todos os presentes: "Tomai e comei. Este é meu corpo oferecido em sacrifício por vós!" Que mistério admirável! Jesus uniu-me a si pela ação mais sublime e santa da história, ação única de ser "digna de Deus", de sua santidade e de sua majestade. Pasmai, ó céus! Exultai, ó terra! Alegrai-vos, ó anjos de Deus! Tremei, ó demônios! Deus pôde reaver o mundo que criou. Seus planos e desejos puderam realizar-se. Nada pôde impedi-lo, nem mesmo o pecado. Um impulso espontâneo de amor restituiu-lhe a criatura, e ofereceu tudo o que havia recebido de Deus como dom.

Desde o dia em que compreendi isso, não fecho mais os olhos no momento da consagração, e olho para os irmãos que estão diante de mim. Quando estou só na celebração da missa, penso em todos os que hão de se encontrar comigo no correr do dia, e penso naqueles que vão precisar de meu tempo e do amor de meus serviços. Numa palavra, penso em toda a Igreja de Deus, e dirigindo-me a todos em espírito digo as palavras de Jesus: Tomai e comei. Este é o meu corpo.

A dúvida que eu tinha sobre esta intuição desapareceu por completo com as palavras de Santo Agostinho. Ele fez-me ver que ela faz parte da mais "sã" doutrina da tradição, embora esteja hoje um tanto esquecida. "Toda a cidade dos redimidos, a assembleia dos santos – diz ele – é oferecida a Deus em sacrifício universal pela mediação do grande sacerdote que, na paixão, ofereceu-se a si mesmo na forma de servo para que fôssemos o corpo de uma Cabeça tão grande. A Igreja celebra este mistério no sacramento do altar bem conhecido dos fiéis. Aí fica bem claro que naquilo que oferece, a Igreja se oferece a si mesma *(in ea re quam offert, ipsa offertur)" (De civ. Dei,* X, 6; CCL 47, p. 279).

Portanto, a Igreja, na Eucaristia, é oferente e oferta ao mesmo tempo, e em cada um de seus membros. Não se pode dividir as duas coisas, nem reparti-las como se a Igreja ministerial (o sacerdote) fosse o oferente, e o resto da Igreja (os leigos) fosse a oferta. Cada membro da Igreja é simultaneamente sacerdote e vítima, apesar da diferença que há entre o sacerdócio ministerial e o sacerdócio universal de todos os batizados. Isso se entende porque o próprio Jesus é, ao mesmo tempo e "de modo inconfundível e indivisível", sacerdote e vítima: "é sacerdote e sacrifício por nós diante do Pai. É sacerdote porque vítima" *(ideo sacerdos, quia sacrificium)* (Agostinho, *Conf.* X, 43,69). Esta é a característica única e irrepetível do sacrifício de Cristo, que brota do mistério da união hipostática da humanidade e da divindade em sua única pessoa. Disso podemos tirar uma consequência para a vida: do ponto de vista da santificação pessoal (não do ponto de vista do ministério), o bispo ou sacerdote participa do sacerdócio de Cristo na medida em que participa de seu sacrifício; quanto mais perfeitamente se *oferece* com Cristo ao Pai, tanto mais realmente *oferece* Cristo ao Pai. No altar o sacerdote age no lugar de Cristo Sumo Sacerdote, e também no lugar ("in persona") de Cristo Suprema Vítima.

São Gregório Nazianzeno escreve: "Sabendo que ninguém é digno da grandeza de Deus, da Vítima e do Sacerdote, se antes não fez a oferta de si mesmo como sacrifício vivo e santo, se antes não se apresentou como oblação justa e agradável (cf. Rm 12,1) e se antes não ofereceu a Deus um sacrifício de louvor e um coração contrito – o único sacrifício que vale aos olhos do autor de todos os dons – como ousaria oferecer-lhe outros dons que não representam os grandes mistérios?" *(Or.* 2,95; PG 35,497). A oferta do corpo de Cristo deve estar acompanhada da oferta do próprio corpo!

Portanto, sob este aspecto, tudo na consagração eucarística é claro e certo. Há dois corpos de Cristo no altar. Um é seu corpo *real* (o corpo que nasceu da Virgem Maria, que ressuscitou e que subiu aos céus) e o outro é seu corpo *místico,* a Igreja. Então, no altar está presente *realmente* o corpo real de Cristo, e está presente *misticamente* o seu corpo místico, a Igreja. Esta presença da Igreja se dá *misticamente* em virtude de sua estreita e inseparável união com a Cabeça. São duas presenças diversas, mas sem nenhuma confusão nem divisão. A oferta que fazemos de nós e da Igreja não teria nenhum sentido sem a oferta que Cristo fez de si mesmo. Não seria santa nem agradável a Deus, pois todos somos pecadores. De outro lado, a oferta de Cristo sem a oferta de seu corpo, a Igreja, não seria suficiente para realizar-se a redenção (entende-se aqui redenção passiva no sentido de receber a salvação; não redenção ativa no sentido de fazê-la). Tanto isso é verdade que a Igreja pode dizer com São Paulo: "Vou completando na minha vida mortal o que falta aos sofrimentos de Cristo" (cf. Cl 1,24).

Havendo duas "ofertas" e dois "dons" sobre o altar – o que vai ser o corpo e o sangue de Cristo (o pão e o vinho) e o que vai ser o corpo místico de Cristo – há também na missa duas "epicleses" ou invocações ao Espírito Santo. A primeira diz assim: "Nós te pedimos humildemente. Envia teu Espírito para santificar os dons que te oferecemos para que se tornem o corpo e o sangue de Cristo". A segunda, depois da consagração, diz: "Concede-nos a plenitude do Espírito Santo para que nos tornemos em Cristo um só corpo e um só espírito. Ele (o Espírito) faça de nós um sacrifício perene para teu agrado".

Agora sabemos como a Eucaristia faz a Igreja: a Eucaristia faz a Igreja fazendo da Igreja uma Eucaristia! Não é só de um modo geral que a Eucaristia é a fonte ou causa da santidade da Igreja. Ela é também a "forma", o modelo. A santidade do cristão deve ter a "forma" da Eucaristia, deve ser uma santidade eucarística. O cristão não pode limitar-se a celebrar a Eucaristia. Deve ser Eucaristia com Cristo.

3. "Isto é meu corpo, isto é meu sangue"

Agora podemos tirar as consequências práticas desta doutrina para pautar o dia a dia de nossa vida. Se na consagração dizemos também nós aos irmãos: "Tomai e comei, isto é meu corpo. Tomai e bebei, isto é meu sangue", devemos saber o que significam "corpo" e "sangue" para sabermos também o que significa a oferta que fazemos.

Que é que Cristo queria dizer-nos com as palavras da última ceia: "Isto é meu *corpo*"? Na Bíblia, a palavra "corpo" não significa apenas um componente ou uma parte do homem que unida à alma e ao espírito forma o homem completo. Herdamos este modo de pensar da cultura grega que considerava o homem em três estágios: corpo, alma e espírito (tricotomismo). Na linguagem bíblica, especialmente na de Cristo e de Paulo, a palavra "corpo" indica o homem todo, vivendo a sua vida num corpo e em condição corpórea e mortal. João, em seu evangelho, emprega a palavra "carne" em vez de "corpo" ("se não comerdes a carne do Filho do homem...") e é claro que esta palavra que encontramos no capítulo sexto do Evangelho tem o mesmo sentido que no capítulo primeiro onde se diz que "o Verbo se fez *carne"*, isto é, homem. "Corpo", então, significa toda a vida. Cristo, ao instituir a Eucaristia, deixou-nos o dom de toda a sua vida, desde a encarnação até o último momento, com tudo o que concretamente faz parte da vida: silêncio, suores, fadigas, orações, lutas, humilhações etc...

Depois Cristo disse ainda: Isto é meu *sangue*. Que mais poderia significar a palavra "sangue" se já nos havia dado toda a vida de seu corpo? Cristo disse a palavra "sangue" para referir-se à morte. Além de nos ter dado a vida, quis dar-nos também o que há de mais precioso nela, a sua morte. O termo "sangue" na Bíblia, indica não apenas uma parte do corpo, uma parte de uma parte do homem, não. Indica um acontecimento: a morte. Se o sangue é a sede da vida (como então se pensava), o seu "derramamento" é a exata expressão da morte. *Depois que amou os seus que estavam neste mundo* – escreve João – *amou-os até o fim* (Jo 13,1). A Eucaristia é o mistério do corpo e do sangue de Cristo, isto é, da vida e da morte do Senhor!

No que toca a nós, que é que oferecemos com Cristo na missa quando oferecemos nosso corpo e nosso sangue? Oferecemos o que Cristo ofereceu: a vida e a morte. Com a palavra "corpo" damos tudo o que concretamente constitui a vida corporal: tempo, saúde, energias, capacidades, aptidões, afeições etc. Até mesmo um sorriso, que somente um espírito que vive num corpo pode fazer, e que às vezes é uma coisa tão preciosa. Com a palavra "sangue" expressamos a oferta de nossa morte. Não necessariamente a morte definitiva, o martírio por Cristo ou pelos irmãos. A morte é tudo aquilo que em nós prepara e antecipa a morte: humilhações, insucessos, doenças que nos prostram, limitações que vêm da idade, da falta de saúde, enfim, é tudo aquilo que nos "mortifica". Quando São Paulo, como vimos, nos exorta pela misericórdia de Deus a oferecer "os nossos corpos", com a palavra "corpo" não se restringia aos sentidos e apetites carnais. Queria referir-se a tudo o que somos, alma e corpo; sobretudo, alma, vontade e inteligência. Depois continua dizendo: *Não tomem por modelo este mundo, mas transformem-se renovando o espírito de vocês, para que possam distinguir qual é a vontade de Deus, e o que é bom, o que lhe agrada e é perfeito* (Rm 12,2).

Tudo isso exige de nós que, saindo da missa, tenhamos a vontade sincera de realizar tudo o que dissemos; que nos esforcemos, indo até onde podemos, no oferecer aos nossos irmãos o nosso "corpo", isto é, nosso tempo, nossas energias e atenções. Numa palavra, a vida. Cristo, depois de ter pronunciado as palavras: "Tomai... este é meu corpo. Tomai... este é meu sangue", não deixou o tempo passar para cumprir o que prometera. Depois de poucas horas entregou sua vida e seu sangue na cruz. Sem isso, tudo cai no vazio, e é mentira. É preciso que, depois de termos dito aos irmãos "tomai e comei", deixemos, de fato, que todos se "nutram" de nós, também aqueles que por nós não têm a delicadeza e a bondade que esperamos. São palavras de Cristo: "Se amais só os que vos amam; se saudais somente aqueles que vos saúdam; se convidais para a vossa mesa somente aqueles que vos convidam, que mérito tereis? Isso é coisa que todo o mundo faz, até os pagãos. Santo Inácio de Antioquia, a caminho do martírio, em Roma, escreveu: "Eu sou trigo de Cristo. Que eu seja devorado pelos dentes das feras para tornar-me pão puro para o Senhor". Se olharmos bem ao redor de nós, haveremos de ver que não faltam dentes agudos e afiados para nos triturar: são críticas, contradições, oposições veladas ou às claras, discordâncias e divergências no modo de encarar certas coisas, diversidade de caráter etc. Em todos esses casos, em vez de relutar, devemos ser gratos a todos os irmãos que nos ajudam, desta ou daquela forma. Embora não pareça, esses são infinitamente mais úteis do que os que nos aprovam em tudo e só sabem elogiar. É Santo Inácio mesmo que diz em outra carta: "Aqueles que me louvam são o meu flagelo" (*Trall*. 4).

É fácil de se imaginar o que aconteceria se participássemos pessoalmente da celebração da Missa, e todos disséssemos na hora da consagração, uns em voz alta e outros no coração, conforme o ministério de cada um: Tomai... Comei.

Uma mãe de família celebra assim a sua Missa. Depois vai e começa a faina de seu dia no meio de mil coisinhas. Sua vida é literalmente triturada. Mas, tudo o que ela faz não significa simplesmente nada. É uma eucaristia com Cristo! Uma Irmã vive da mesma forma a sua Missa. Depois ela também vai para pôr-se no meio das crianças, dos doentes e idosos. Sua vida pode parecer também pó no meio das mil coisas que faz, que, no fim do dia, somadas, seriam uma insignificância, e aparentemente um dia perdido. Ao contrário do que alguém poderia pensar, o que ela fez foi eucaristia. Ela "salvou" sua vida! Um sacerdote, um pároco, e até mesmo um bispo, celebra assim a sua Missa. Depois vai. Prega, ensina, confessa, recebe os que vêm até ele, visita e consola os doentes, escuta e aconselha. Todo o seu dia é eucaristia. Como Cristo permanece um na fracção do pão, da mesma forma uma vida vivida desta forma também é unitária. Não é dispersiva, e o que a faz ser unitária é o fato de ela ser eucaristia. É que ele permanece unido na fracção, unido na partilha e na doação. Um grande mestre da espiritualidade dizia: "De manhã, na Missa, eu sou o sacerdote e Cristo é a vítima. No correr do dia, Cristo é o sacerdote e a vítima sou eu" (P. Olivaint). Desta forma o sacerdote imita o "bom Pastor", porque realmente dá a vida por suas ovelhas.

Mas, convém lembrar que oferecemos também o nosso "sangue", isto é, as passividades e mortificações. Elas são a parte melhor que Deus reserva a quem mais necessita da Igreja. Quando não podemos mais nos mover e fazer o que gostaríamos de fazer, é então que podemos ficar mais próximos da Hóstia grande que é Cristo. Cristo, depois da Páscoa, disse a Pedro: *Quando você era jovem, cingia-se a si mesmo e andava por onde queria; quando, porém, for velho, você estenderá as mãos, um outro o cingirá e o levará para onde você não quer. Disse isto para indicar com que tipo de morte Pedro haveria de glorificar a Deus* (Jo 21,18ss.). Pouco antes deste fato Cristo já havia dito três vezes a Pedro: "Apascenta as minhas ovelhas", mas agora o faz compreender que a maior glória é a de quem se dá a Deus, morrendo.

Graças à Eucaristia não pode haver mais no mundo vidas "inúteis". Ninguém deve dizer: "Para que serve a minha vida? Por que estou no mundo?" Estás no mundo para o que há de mais sublime: para ser um sacrifício vivo, uma eucaristia com Cristo!

4. "Vem ao Pai!"

O segredo está em oferecer-se generosamente sem reservar nada para si mesmo. Cristo na cruz ao fazer a sua oblação, fê-la toda e sem restrições. Não houve uma fibra de seu corpo ou qualquer sentimento de sua alma que tivesse reservado para si na oferta que fez ao Pai. Tudo foi posto sobre o altar. Tudo o que se retém, de certa forma, está perdido, porque só é possuído o que se doa. São Francisco de Assis, que podemos tomar como exemplo de elevação e de fervor na piedade eucarística, faz esta exortação no final de uma página que escreveu sobre a santa Missa: "Vede, irmãos, quanta é a humildade de Deus e abri-lhe os vossos corações. Humilhai-vos também para que ele vos exalte. Não reserveis para vós nada de tudo o que sois, para que vos acolha a todos aquele que se dá todo" (*Carta ao Capítulo Geral* 2). O autor da *Imitação de Cristo* faz Cristo dizer-nos: "Vê, eu me ofereci ao Pai por ti, e te dei por alimento meu corpo e meu sangue, para ser todo teu e para que sejas todo meu, sempre. Mas, se quiseres ser dono de ti mesmo, e não quiseres espontaneamente ser meu, tua oferta não será plena e não haverá união perfeita entre nós" (IV,8). O que alguém guarda para si, para ter uma margem de liberdade com Deus, contamina o resto. É aquele pequeno fio de seda, de que fala São João da Cruz, que impede o pássaro de alçar voo.

Por isso nós também devemos responder à oferta de Cristo com a oferta de nós mesmos com as palavras que nos sugere o autor da *Imitação de Cristo:* "Senhor, tudo o que está nos céus e na terra é teu. Ofereço-me a ti em oblação voluntária e livre, e quero ser teu para sempre. Senhor, na simplicidade do meu coração, hoje eu me ofereço a ti como servo perpétuo em obséquio e sacrifício de eterno louvor. Aceita-me em união com a oferta que fizeste de teu precioso corpo, que hoje eu imolo diante de teus anjos invisivelmente presentes para que seja salvação para mim e todo o povo cristão" (Ib.).

Mas, donde vem a força para esta oferta total de si mesmo, para prender-se e elevar-se, por assim dizer, com as próprias mãos até Deus? A resposta é: o Espírito Santo! Cristo, diz a Escritura, ofereceu-se a si mesmo ao Pai graças a um "Espírito eterno" (Hb 9,14). O Espírito Santo é a origem de todo o movimento que leva à doação de si mesmo. Ele é o "Dom", ou melhor, "o doar-se". A Trindade é doação do Pai ao Filho e do Filho ao Pai. Na história é Deus que se doa a nós, e agora, somos nós que nos doamos a Deus. Foi o Espírito que deu ao coração do Verbo encarnado aquele "impulso" que o levou a oferecer-se por nós ao Pai. É a ele também que a liturgia pede na Missa de "fazer de nós um sacrifício perfeito e agradável a Deus" (*Oração Eucarística* III).

Lembrei acima uma frase do mártir Santo Inácio de Antioquia. Na mesma carta que escreveu aos romanos há uma outra frase que devemos guardar na memória. Para convencer os cristãos de Roma a não fazer nada que impedisse o seu martírio, ele lhes conta um segredo: "Há em mim uma água viva que murmura e diz: vem ao Pai!" É a voz inconfundível do Espírito de Cristo que, indo ao Pai, pode dizer também a seu discípulo: Vem, oferece-te comigo!

3
"QUEM COMER A MINHA CARNE VIVERÁ POR MIM"

*A Eucaristia faz a Igreja
mediante a comunhão*

Um filósofo ateu disse: "O homem é aquilo que come". Entendia dizer com isso que, no homem, não existe qualquer diferença qualitativa entre matéria e espírito. Tudo nele se reduz a um componente orgânico e material. Aqui, mais uma vez, acontece que um ateu dá, sem o saber, a melhor formulação para um mistério cristão. Graças à Eucaristia, o cristão é verdadeiramente aquilo que come! Já escrevia, faz tempo, São Leão Magno: "A nossa participação no corpo e sangue de Cristo faz-nos ser aquilo que comemos" (*Sermão 12 sobre a Paixão* 7; CCL 138A, p. 388).

Mas, escutemos o que nos diz o próprio Cristo a respeito disso: *Assim como o Pai, que vive, me enviou e eu vivo pelo Pai, também quem me come viverá por mim* (Jo 6,57). A preposição "por", na frase, indica duas coisas ou dois movimentos: um movimento de procedência e um movimento de destinação. Significa que quem come o corpo de Cristo, vive "dele", isto é, por força da vida que provém dele, e vive "para ele", isto é, para sua glória, seu amor e seu reino. Como Jesus vive do Pai e para o Pai, assim a comunhão no santo mistério do corpo e sangue de Jesus nos faz viver de Jesus e para Jesus.

Os Padres da Igreja serviram-se do exemplo da alimentação física para explicar este mistério. É princípio vital – disseram – que o mais forte assimila o mais fraco, e não vice-versa. É o vegetal que assimila o mineral, o animal que assimila o vegetal, o espiritual que assimila o material. Aquele que se dispõe a seguir Jesus, é dele mesmo que ouve essas palavras: "Não serás tu que me farás semelhante a ti, mas serei eu que te farei semelhante a mim" (cf. Santo Agostinho, *Conf.* VIII, 10). Sabe-se que o alimento, não sendo ser vivo, não pode transmitir-nos a vida, e só se torna causa de vida enquanto sustenta a vida já presente em nosso corpo. Quanto ao pão de vida, ele mesmo é a vida e por ele verdadeiramente vivem aqueles que o recebem. O alimento corporal transforma-se em quem o comeu: o peixe, o pão e qualquer outro alimento transformam-se em sangue do homem. Quanto ao pão de vida, dá-se o contrário. O pão de vida é que move quem se nutre dele; é ele que o assimila e o transforma em si. Nós é que somos movidos por Cristo a viver a vida que está nele, graças à sua função de cabeça e coração de todo o corpo. Para nos fazer entender isso, que ele nos alimenta não à maneira dos alimentos materiais, mas transmitindo-nos a vida que ele é, é que Jesus diz ser o "pão vivo", e acrescenta: *Quem come de mim viverá por mim* (cf. Cabasilas, *Vida em Cristo* IV, 3, cit.). Dizer que Jesus, na comunhão, nos "assimila" a si, significa dizer, em concreto, que ele torna os nossos sentimentos semelhantes aos seus, os nossos desejos e o nosso modo de pensar iguais aos seus. Numa palavra, faz-nos ter "os mesmos sentimentos que havia em Cristo Jesus" (cf. Fl 2,5).

Jesus faz tudo isso "graças à sua função de coração" do corpo místico. Qual é a função do coração no organismo humano? Ele faz correr por todo o corpo o sangue "deteriorado", isto é, empobrecido de elementos vitais e cheio de todos os resíduos tóxicos do organismo. Nos pulmões, este sangue, em contato com o oxigênio, é purificado, e assim, regenerado e enriquecido de forças nutritivas, é levado e distribuído pelo próprio coração a todos os membros do corpo. A mesma coisa, no plano espiritual, na Eucaristia, faz o coração da Igreja, que é Cristo. Em todas as missas, para ele corre o sangue deteriorado de todo o mundo. Nele despejo todos os meus pecados e todas as minhas impurezas para que sejam destruídas, e para que ele me dê um sangue novo, o seu sangue, que é o sangue do Cordeiro imaculado, cheio de vida e santidade, "remédio de imortalidade" (Santo Inácio de Antioquia). Só depois de ter feito esta experiência, é que se pode compreender o que diz a Escritura: *O sangue de Cristo... purificará a nossa consciência dos atos que conduzem à morte* (Hb 9,14), e ainda: *O sangue de Jesus, seu Filho, nos purifica de todo o pecado* (1Jo 1,7). Na verdade, a Eucaristia é o "coração" da Igreja, e o é de um modo muito mais realístico do que se pode imaginar.

1. Comunhão com o corpo e o sangue de Cristo

Mas, com quem e com que coisa, exatamente, entramos em comunhão na Eucaristia? São Paulo escreveu: *O cálice de bênçãos que abençoamos, não é a comunhão com o sangue de Cristo? E o pão que partimos, não é a comunhão com o corpo de Cristo? (1Cor 10,16).*

Nós estamos habituados a interpretar estas palavras no sentido de entrarmos em comunhão com toda a realidade de Cristo, através dos vários elementos que a constituem: o corpo, o sangue, a alma e a divindade. Este modo de pensar tem o sabor da filosofia grega que concebia o ser do homem em três estágios: o corpo, a alma e o espírito. Não esclarece bem a relação de pessoa para pessoa, do ser para o ser, do todo para o todo, que se concretiza na comunhão de modo imediato e com simplicidade. Na linguagem bíblica (já disse uma vez, mas volto a insistir) os termos corpo e sangue têm um significado concreto e histórico. Indicam toda a vida de Cristo, ou melhor, a sua vida e a sua morte. Corpo não indica tanto um componente metafísico do homem, quanto indica uma condição de vida, a vida vivida no corpo. Indica todo o homem, com os mesmos predicados do termo "carne" usado por São João em seu evangelho. Na Eucaristia, corpo designa o Cristo na sua condição de servo, susceptível de sofrer a fome, a pobreza, a cruz; indica o Cristo "feito carne", trabalhando, suando, sofrendo e pregando no meio de nós.

A mesma coisa se diga da palavra sangue. Ela não indica parte de uma parte do homem (o sangue é parte do corpo!), mas indica uma realidade concreta, ou melhor, um acontecimento concreto. Indica a morte. Não uma morte qualquer, mas, violenta e, nos moldes dos sacrifícios da aliança, expiatória (cf. Êx 24,8).

Daí nasce, como consequência, uma coisa importante: não existe na vida de Cristo nenhum momento ou experiência que não possamos reviver e condividir, se fazemos comunhão com ele. De fato, toda a sua vida está presente e é doada no corpo e no sangue. São Paulo, em uma de suas cartas, tem uma expressão que sintetiza o mistério da cruz de Cristo. Ei-la: "aniquilou-se a si mesmo" (Fl 2,7). Uma Missa que celebramos ou ouvimos pode ser uma Missa iluminada e toda cheia desta frase, principalmente nos momentos em que nos vemos diante de um mal súbito que nos revolta, ou diante de uma obediência que nos penaliza. Jesus – podemos dizer – aniquilou-se a si mesmo. Por que não hei de querer, eu também, aniquilar-me, deixando-me morrer e morrendo para as minhas "razões"? Isto, sim, é "fazer comunhão" com Cristo!

Conforme as nossas disposições interiores, ou necessidades do momento, podemos pôr-nos face a face com Jesus que prega, que é tentado, que se cansa, que morre na cruz e gloriosamente ressurge. Tudo isso não é ficção nem imaginação. É um fato, porque Jesus ainda existe e está vivo com seu Espírito, embora não mais com sua carne.

2. Quem se une ao Senhor forma um só Espírito com ele

Nas famosas catequeses mistagógicas, atribuídas a São Cirilo de Jerusalém, podemos ler: "Sob as espécies do pão te é dado o corpo, e sob as espécies do vinho te é dado o sangue para que, participando do corpo e do sangue de Cristo, te tornes *concorpóreo e consanguíneo* com ele" (*Cat. mist.* IV, 3; PG 33, 1100). É um modo forte de se expressar, mas os Padres não viam nada de exagero nisso. A verdade é que a comunhão eucarística é de tal profundidade que supera qualquer tipo de analogia que se faça. Jesus traz o exemplo da videira e dos ramos. É certo que estão inteiramente unidos. Videira e ramos condividem a mesma seiva, a mesma vida. Tirados da videira, os ramos secam e morrem. Mas, nenhum dos dois, nem videira nem ramos "existe" em virtude desta sua união, pois, são seres inanimados! Cita-se também o exemplo da união entre os esposos, que formam "uma só carne". Esta comparação é mais expressiva, mas ela também não diz tudo. Atém-se à união da carne, e não à do espírito. Os esposos podem formar uma só carne, e, se formam um só espírito, é só no sentido moral. Ao contrário, *quem se une ao Senhor forma com ele um só espírito* (1Cor 6,17). A força da comunhão eucarística está precisamente nisto: nela nós nos tornamos um só espírito com Jesus e este "só espírito" é o Espírito Santo!

No sacramento repete-se o que aconteceu apenas uma vez na história. Repete-se, na Eucaristia, o que aconteceu na vida de Cristo. No nascimento de Jesus, é o Espírito Santo que doa ao mundo o Cristo (Maria concebeu por obra do Espírito Santo). Na hora de sua morte, é Cristo que doa ao mundo o Espírito Santo (ele, morrendo, "entregou o Espírito"). Na Eucaristia, no momento da consagração o Espírito Santo nos doa Jesus, e no momento da comunhão Jesus nos doa o Espírito Santo.

O Espírito Santo é quem realiza nossa intimidade com Deus, diz São Basílio *(Spir.* 5,19; PG 32,157 A). Mais, Santo Irineu diz que o Espírito Santo é "a comunhão que fazemos de nós mesmos com Cristo" (*Contra os hereges* III, 24,1). Ele é – usando da linguagem de um teólogo moderno – "o imediato" de nossa relação com Cristo, no sentido de ser o intermediário entre nós e Cristo, sem deixar nenhum espaço dentro desta comunhão. Não há nada que possa estar "no meio" desta nossa comunhão com Cristo, porque Cristo e o Espírito Santo são também – como Jesus e o Pai – "uma coisa só".

Na comunhão Jesus é aquele que, vindo a nós, nos dá o Espírito. Não é somente aquele que um dia – faz tempo – nos deu o Espírito, mas é aquele que *agora,* sacrificando-se de modo incruento no altar, de novo, "entrega o Espírito" (cf. Jo 19,30). É deste modo que Jesus nos faz participantes de sua unção. A sua unção derrama-se sobre nós, ou melhor, nós nos mergulhamos nela. "Cristo derramando-se sobre nós nos absorve, e absorvendo-nos, muda-nos e nos transforma em si como uma gota d'água que cai num oceano infinito de unguentos e de perfumes. Quem encontra o Cristo não apenas fica impregnado de seu perfume e o exala, mas ele mesmo torna-se, com Cristo, este delicioso perfume: *Somos o bom perfume de Cristo* (2Cor 2,15)" (Cabasilas, *op. cit.* IV,3; PG 150,593).

Na mesa eucarística realiza-se a "sóbria embriaguez do espírito". Comentando um texto do Cântico dos Cânticos, Santo Ambrósio escreve: *"Comi o meu pão com o meu mel* (Ct 5,1): não há nada de amargo neste pão, mas tudo nele é suavidade. *Bebi o meu vinho com o meu leite* (Ib.): trata-se de uma alegria pura, sem mescla de tristeza. Na verdade, todas as vezes que bebes deste vinho, recebes o perdão dos pecados e te inebrias espiritualmente. O Apóstolo diz: *Não se embriaguem com vinho, mas busquem no Espírito a plenitude de vocês* (Ef 5,18). Quem se embriaga de vinho, vacila e cai. Quem se embriaga do Espírito, afirma-se e firma-se em Cristo. É esta santa embriaguez que dá sobriedade ao coração" *(De sacr.* V, 17; PL 16,449s.). É o mesmo Santo Ambrósio que exclama, cheio de entusiasmo, num hino que compôs, e que até hoje é recitado na Liturgia das horas: "Bebamos com alegria da sóbria abundância do Espírito *(Laeti bibamus sobriam profusionem Spiritus)*. A sóbria embriaguez não é uma simples expressão poética, não. Tem um significado próprio, e diz uma verdade. Um efeito da embriaguez é tirar o homem de seu estado normal, e levá-lo a ultrapassar os limites. No caso da embriaguez material (vinho, drogas) o homem põe-se "abaixo" da própria razão, e age quase à maneira dos irracionais, sem poder controlar-se. Mas, no caso de embriaguez espiritual, o homem põe-se "acima" da sua própria razão, e situa-se dentro dos horizontes do próprio Deus. Cada comunhão deveria terminar num êxtase, entendido não como os fenômenos extraordinários que comumente ocorrem na vida dos místicos, mas, entendido ao pé da letra, como o sair *(extasis)* o homem de si mesmo. É o "não sou eu mais que vivo", do Apóstolo Paulo.

Santo Tomás diz que a Eucaristia é "o sacramento do amor" *(sacramentum caritatis)* (cf. *S. Th.* I-II^{ae}, q. 28, a. 1; III, q. 78, a.3). A união com Cristo vivo não pode dar-se de outra maneira – explica ele – que não através do amor. Na verdade, o amor é a única realidade que pode fazer com que dois seres vivos e distintos possam unir-se para formar uma só coisa, embora cada qual continue existindo em seu próprio ser. Se o Espírito Santo é chamado "a mesma comunhão" com Cristo, é precisamente porque ele mesmo é o Amor de Deus. Sem um ato de amor, nenhuma comunhão eucarística é completa e perfeita. Só poderei dizer que estou plena e definitivamente unido a Cristo, em comunhão com ele, quando puder dizer-lhe com a simplicidade e sinceridade de Pedro: "Senhor, tu sabes que eu te amo!"

3. "Eu neles e tu em mim":
a comunhão com o Pai

Por Jesus e seu Espírito, na comunhão eucarística, chegamos finalmente também ao Pai. Na sua "oração sacerdotal", Jesus diz ao Pai: *Que sejam como nós uma só coisa. Eu neles e tu em mim* (Jo 17,23). Estas palavras: "Eu neles e tu em mim" significam que Jesus está em nós e está no Pai. Por isso, não se pode receber o Filho sem que se receba com ele também o Pai. A última razão disto é que o Pai, o Filho e Espírito Santo têm uma única e inseparável natureza divina, são "uma coisa só". A propósito disto, escreve Santo Ilário de Poitiers: "Estamos unidos a Cristo que é inseparável do Pai, e que, permanecendo no Pai, continua unido a nós. Assim também nós fazemos união com o Pai. De fato, Cristo é conatural ao Pai porquanto é gerado pelo Pai. Mas, de certo modo, nós também, através de Cristo, somos conaturais ao Pai. Cristo vive em virtude do Pai, e nós vivemos em virtude de sua humanidade" (*De Trin.* VIII, 13-16; PL 10, 246ss.).

Para expressar-nos com precisão teológica, dizemos que, na Eucaristia, o Filho Jesus Cristo está presente *naturalmente* (isto é, com sua dupla *natureza,* divina e humana) e está presente também *pessoalmente* (como pessoa do Filho). O Pai e o Espírito Santo estão *diretamente* presentes apenas naturalmente (por força da unidade da natureza divina), mas *indiretamente* estão presentes também pessoalmente por força da pericorese das pessoas divinas. Em cada uma das três pessoas da Trindade, na verdade, estão presentes as outras duas.

Desta presença de toda a Trindade na Eucaristia, que a teologia afirma em linha de princípio, os santos fizeram muitas vezes uma experiência de vida. No Diário de uma grande mística, Santa Verônica Giuliani, podemos ler: "Parece-me ver no SS. Sacramento, como num trono, Deus Trino e Uno: o Pai com a sua onipotência, o Filho com a sua sabedoria, o Espírito Santo com o seu amor. Todas as vezes que comungamos, nossa alma e nosso coração se tornam templo da SS. Trindade. Deus vindo a nós, é todo o paraíso que vem. Vendo como Deus está oculto na Hóstia sacrossanta, extasio-me pela alegria que sinto. Se devesse dar minha vida para confirmar tal verdade, eu o faria mil vezes".

Portanto, nós entramos numa comunhão misteriosa com a SS. Trindade. Misteriosa, mas verdadeira e profunda: com o Pai, através de Cristo, no Espírito Santo. Toda a Trindade está invisivelmente presente ao redor do altar. É isto que quer significar o célebre ícone da Trindade, de A. Rublev, onde Pai, Filho e Espírito Santo, simbolizados nos três anjos que apareceram a Abraão em Mambré, formam uma espécie de círculo místico ao redor do altar, querendo dizer a quem olha: "Sede uma coisa só, como nós também somos uma coisa só!"

4. Deus pôs seu corpo em nossas mãos

A comunhão coloca-nos diante de portas que se abrem sucessivamente e nos introduzem primeiro no coração de Cristo, e depois, através dele, no coração da própria Trindade. Mas, ante tamanha distinção que nos dá a divindade, ao refletirmos, vemos descer sobre nós um véu de imensa tristeza. Como tratamos o corpo de Cristo? Certo dia, escutava eu, no momento da comunhão, um belíssimo canto que tinha este estribilho: "Deus pôs seu corpo em nossas mãos". O canto repetiu muitas vezes estas palavras.

De repente, alguma coisa tocou fundo meu coração: Deus pôs seu corpo em nossas mãos, mas, que fazemos com este corpo de Deus? Então, não pude deixar de escutar uma voz que gritava dentro de mim: Nós fazemos violência a Deus! Nós fazemos violência a Deus! Mas, como? Que violência lhe fazemos nós? Abusamos da promessa que ele cumpre, de descer aos nossos altares e de morar em nossos corações. Nós o "constrangemos" a repetir cada dia este gesto de amor, e vivemos sem amá-lo, muitas vezes distraídos, muitas vezes indiferentes. Isto significa fazer-lhe violência. Uma criança precisa de carinho e bondade porque não pode defender-se. Não é assim que tratamos a Jesus que, misteriosamente, não pode defender-se. Mais vezes falhamos e o maltratamos, fechando-nos ou restringindo-nos. São Francisco de Assis, em uma de suas Admoestações, exclamava: "Todos os dias ele desce, humilhando-se, sobre nossos altares, como se de novo estivesse deixando seu trono real para ficar no seio de Maria". Não é possível, pois, aproximar-se da comunhão sem um profundo sentimento de humildade e de arrependimento. É São Francisco ainda que fala: "Ouvi, queridos irmãos: se é justo que Maria seja tão venerada por ter tido Jesus em seu santíssimo seio; se João Batista estremeceu de alegria, e não ousou tocar a cabeça do Senhor; se é tamanha a veneração que dedicamos ao sepulcro onde, por algum tempo, ficou o corpo do Senhor; então é de se esperar que seja também santo, justo e digno aquele que o recebe em suas próprias mãos, que o acolhe na boca e no coração, e o oferece aos outros para recebê-lo! Seria uma miséria e um mal muito grande se, estando ele tão perto de nós, pensásseis em outras coisas, mesmo que fosse no mundo inteiro! Pasme a humanidade, trema o universo inteiro e cantem os céus, quando, sobre os altares, aquele que está nas mãos do sacerdote é o Cristo filho de Deus vivo. Contemplai, irmãos, a humildade de Deus, e abri-lhe os vossos corações. Humilhai-vos também vós para que ele vos exalte" (*Carta ao Capítulo Geral*)

Sabendo que o mistério que recebemos é grande e supera nossa capacidade de entendê-lo, os nossos amigos no céu – Maria, os anjos e os santos de nossa devoção – estão prontos a nos ajudar no que pedimos e precisamos. Podemos dirigir-nos a eles de um modo simples e confiante, e insistir como aquele homem do qual fala o Evangelho, que, não tendo nada para oferecer a um amigo, que altas horas da noite apareceu em sua casa, não duvidou e foi à casa do vizinho pedir pão, e só voltou depois de ser atendido (cf. Lc 11, 5ss.). Podemos pedir a estes adoradores perfeitos que estão no céu, que nos emprestem seu espírito de pureza, de louvor, de humildade, e seus sentimentos de infinita gratidão a Deus, e depois, fazê-los ver Jesus que vem a nós na comunhão. Os santos e, em primeiro lugar, Maria, estão dispostos e prontos para nos atender. Eles podem, pela comunhão dos santos. Eles querem, pelo amor que nos têm e que os leva a Jesus. Que algum deles se recuse, nem mesmo imaginar! Pelo contrário, eu digo que no céu, entre os santos, há certa rivalidade querendo cada qual ser convidado a ajudar e atender. Na comunhão Deus está no meio de nós e quando Deus está no meio, é então que o impossível acontece: todos os desejos, mesmo infantis, são considerados como um direito pela onipotência e infinita liberalidade de Deus. *Ele que não poupou nem a seu próprio Filho, mas o entregou por nós todos, como não nos daria tudo juntamente com ele?* (Rm 8,32). Se um rei permite que seu filho visite um pobrezinho em sua choupana, haveria de recusar ao pobrezinho tudo o que pode fazer de seu ambiente o mais apropriado e o mais acolhedor? Podemos imaginar, então, quão grande há de ser a "surpresa" de Jesus que, vindo a nós na comunhão, espera alojar-se numa pobre moradia, e, ao invés, encontra tudo cheio do esplendor do céu de onde veio! Mas, é preciso estarmos atentos. Maria e os santos levam muito a sério as coisas de Deus, onde Deus se põe no meio. Não ficaria bem que os santos que podem vir a qualquer momento do dia para limpar a casa do pobre e fazê-la bela, não encontrassem o dono da casa, que saiu de manhã e ficou fora sem achar tempo de voltar. Isto seria uma lástima. Seria um desaforo, e só traria confusão.

Eu creio ser uma graça muito salutar para um cristão ter de suportar por algum tempo o medo de aproximar-se da comunhão. É um bem que trema só de pensar neste momento tão sublime para terminar dizendo com João Batista: Tu vens a mim? *(Mt 3,14). Não podemos receber Deus a não ser como "Deus", reconhecendo toda a sua santidade e majestade. Não podemos domesticar Deus! A pregação da Igreja não deve ter medo – principalmente agora que a comunhão se tornou coisa tão comum e tão "fácil" – de usar a linguagem da carta aos Hebreus, para dizer aos fiéis:* Vocês não se aproximaram de uma realidade palpável: fogo ardente, obscuridade, trevas, furacão, sons estridentes de trombetas e a voz retumbante que fez os que a ouviram suplicar que não lhes falasse mais. Com efeito, não podiam suportar esta prescrição: Quem tocar a montanha, mesmo que for um animal, será apedrejado. Tão terrível era o espetáculo, que Moisés disse: Sinto-me aterrado e todo trêmulo. Mas vocês se aproximaram da montanha de Sião e da Cidade do Deus vivo, da Jerusalém celeste e de milhões de anjos, reunião festiva, da assembleia dos primogênitos que têm seus nomes inscritos nos céus. Vocês se aproximaram de um Deus que é Juiz universal, e dos espíritos dos justos que se tornaram perfeitos. Vocês se aproximaram de Jesus, o Mediador de uma Aliança nova e do sangue da aspersão, mais eloquente que o de Abel *(Hb 12,18-24)*.

Conhecemos a admoestação que se fazia na assembleia litúrgica dos primeiros tempos da Igreja, no momento da comunhão: "Quem é santo, que se aproxime. Quem não o é, que se arrependa" (*Didaché*, 10). São João Crisóstomo, dirigindo-se a uma população propensa, como outrora, a levar as coisas sem a devida seriedade, nunca fala da comunhão eucarística sem usar o adjetivo "terrível" *(friktos)*: "Terríveis são os mistérios da Igreja; terrível é o altar!"; "Terrível e inefável é a comunhão dos santos mistérios"; "Sem a ajuda especial de Deus, nenhuma alma humana poderia suportar o fogo deste sacrifício sem sentir-se aniquilada" *(In Ioh. hom.* 46,4; PG 59,261; *De sacer.* 3,4; PG 48,642). Este mesmo santo dizia que quando o cristão volta da mesa sagrada, assemelha-se a um leão que lança chamas de fogo pela boca; a sua vida é insuportável ao demônio (*Cat. Bapt.* III, 12; SCh 50, p. 158). Faz-se mister experimentar, ao menos uma vez, a majestade terrível da Eucaristia para poder, depois, avaliar quanta é a bondade e a condescendência de Deus, que esconde, como sob um véu, esta majestade para não aniquilar-nos.

5. A comunhão com o corpo de Cristo que é a Igreja

Limitamo-nos até agora a meditar o aspecto vertical da comunhão, a comunhão com Deus, Pai, Filho e Espírito Santo. Mas na Eucaristia realiza-se também uma comunhão horizontal, com os irmãos. No texto que recordamos no início, São Paulo dizia: *E o pão que partimos não é a comunhão com o corpo de Cristo? Porque existe um único pão, nós, embora sejamos muitos, formamos um só corpo, visto que todos nós comungamos de um único pão (1Cor 10,16*-17). Neste trecho aparece por duas vezes a palavra "corpo"; na primeira vez ela designa o corpo real de Cristo, na segunda vez o seu corpo místico que é a Igreja. "Tendo sofrido a paixão – escreve Santo Agostinho – o Senhor nos confiou, neste sacramento, o seu corpo e o seu sangue, fazendo que nós mesmos nos tornássemos essas coisas. De fato, nós também somos o seu corpo, e assim, por sua misericórdia, aquilo que recebemos, somos. Recordai-vos por um instante que coisa era essa criatura quando ainda estava no campo: a terra a fez germinar, a chuva a nutriu; depois, o homem com seu trabalho recolheu-a para selecionar e limpar. Depois, do celeiro foi para o moleiro. Depois, foi moída e cozida. Finalmente tornou-se pão. Agora pensai em vós mesmos: não existíeis e fostes criados, o Senhor recolheu-vos no seu chão, fostes peneirados e joeirados pelo trabalho dos "bois", isto é, daqueles que vos anunciaram o Evangelho. Durante o tempo de catecumenato, fostes conservados como grãos no celeiro; quando destes vossos nomes para o batismo, começastes a ser moídos pelos jejuns e penitências; depois, finalmente, viestes para as águas e vos tornastes pasta, uma coisa só; depois, sobrevindo o fogo do Espírito Santo, fostes cozidos e vos tornastes pão do Senhor. Eis o que tendes recebido. Portanto, como vedes que é um o pão preparado, assim também vós sois uma só coisa, amando-vos e conservando a mesma fé, a mesma esperança e uma indivisa caridade" (*Sermo Denis* 6; PL 46, 834s.).

O corpo de Cristo que é a Igreja formou-se à semelhança do pão eucarístico; passou pelas mesmas vicissitudes. O pão eucarístico realiza a unidade dos membros entre si, significando-a. Também nisto, o sacramento "significando causat". Na comunhão "a unidade do povo de Deus é adequadamente expressa e admiravelmente produzida" (Lumen Gentium, 11). Com outras palavras, aquilo que os sinais do pão e do vinho exprimem no plano visível – a unidade de grãozinhos de trigo e de cachinhos de uva – o sacramento realiza no plano interior e espiritual.

"Realiza": não por si, automaticamente, mas com o nosso empenho. Eu não posso mais desinteressar-me do irmão ao aproximar-me da eucaristia; não posso rejeitá-lo sem rejeitar o próprio Cristo e separar-me da unidade. Quem, na comunhão, pretendesse ser todo de Cristo depois de ter ofendido e ferido o irmão sem pedir-lhe perdão, ou sem estar decidido a isso, assemelha-se a alguém que depois de muito tempo, encontrando um amigo, levanta-se nas pontas dos pés para beijá-lo na fronte e mostrar-lhe todo o seu afeto; mas, não se dá conta que lhe pisa nos pés com sapatos ferrados! Os pés de Cristo são os membros de seu corpo, especialmente os mais pobres e humilhados. Ele ama muito esses seus "pés", e poderia gritar àquele tal: Estás vazio! A honra que me dás não diz nada!

O Cristo que vem a mim na comunhão é o mesmo Cristo indiviso que vai também ao irmão que vive a meu lado; ele, por assim dizer, nos une uns aos outros no momento em que nos une todos a si. Aqui está, certamente, o significado profundo daquela frase que lemos nos escritos do Novo Testamento e dos primeiros séculos da Igreja: "Unidos na fração do pão" (cf. At 2,42): os cristãos se sentiam unidos na fração do pão. Um paradoxo: unidos no dividir. Fração significa, de fato, divisão. É assim mesmo: nós estamos unidos no dividir, melhor, no *condividir* o mesmo pão. Santo Agostinho recordava-nos acima que não se pode ter um pão se os grãozinhos que o compõem não foram antes "moídos". Para sermos moídos nada é mais eficaz do que a caridade fraterna, especialmente para quem vive em comunidade: suportar uns aos outros, apesar das diferenças, dos pontos de vista etc. É como uma mó que nos purifica todos os dias até perdermos a natural aspereza de nosso caráter.

Agora compreendemos o que significa dizer: *Amém,* e a quem dizemos *Amém* na hora da comunhão. É-nos dito: "O corpo de Cristo!" e nós respondemos: *Amém!* Dizemos *Amém* ao corpo santíssimo de Jesus nascido de Maria e morto por nós, mas dizemos *Amém,* sim, também ao corpo místico que é a Igreja e que são, concretamente, os irmãos que estão junto de nós, na vida ou na mesa eucarística. Não podemos separar os dois corpos, aceitando um sem aceitar o outro. Não nos custará muito dizer *Amém* a muitos irmãos, talvez a maioria. Mas, sempre haverá entre eles alguém que nos faz sofrer, por culpa sua ou nossa, não importa; alguém que sempre se opõe, que nos critica, que nos calunia. Dizer *Amém* neste caso é mais difícil, mas ele esconde uma graça especial. Antes, há uma espécie de segredo neste ato. Quando queremos ter uma comunhão mais íntima com Jesus ou temos necessidade de um perdão ou de uma graça particular, eis o modo de obtê-lo: acolher Jesus na comunhão junto "daquele" irmão ou "daqueles" irmãos. Dizer-lhe explicitamente: Jesus, hoje te recebo junto com o tal (e aqui dizer o nome), hospedo-o contigo em meu coração, estou contente se tu o levas contigo. Este pequeno gesto agrada muito a Jesus porque ele sabe que para fazê-lo devemos morrer um pouco.

Termino esta meditação com uma estrofe do *Adoro te devote* que alimentou a piedade eucarística de muitas gerações de fiéis: "Ó memorial da morte do Senhor, pão vivo que dás vida ao homem: dá à minha alma viver de ti, e experimentar sempre quanta é a tua doçura".

4
"SE NÃO BEBEIS O SANGUE DO FILHO DO HOMEM..."

*A Eucaristia, comunhão
do sangue de Cristo*

Continuamos a refletir, neste capítulo, sobre o tema; "A Eucaristia faz a Igreja mediante a comunhão". Falamos até aqui da comunhão em geral. Agora queremos voltar nossa atenção para um aspecto particular: a comunhão do sangue de Cristo.

Um dia, ao terminar a missa, uma senhora entregou-me em mãos um folheto. Aí estava escrito: "Jesus disse: 'Tomai e bebei todos, este é meu sangue': por que não podemos também nós beber do sangue de Cristo como ele mandou? Este sangue é tão poderoso que pode lavar-nos de nossos pecados, e nós temos sede: por que devemos ser privados dele? Há bastante videiras e muito vinho em nossos campos para dar de beber o sangue de Cristo também aos leigos cristãos, todos os dias, se quiserem. Por que somos avarentos com ele, quando ele é tão generoso conosco?" Em seguida, falando-lhe, me dei conta de que o pedido nascia de um real desejo do sangue de Cristo, e não de um espírito de contestação, e que vinha acompanhado de profunda humildade e amor pela Igreja. A presente catequese quer ser uma resposta a tal desejo sempre mais difundido no meio do povo cristão. Ela se propõe ajudar a redescobrir o poder e a doçura do sangue eucarístico de Cristo e a encorajar a prática da comunhão sob as duas espécies, já que ela foi reintroduzida na Igreja Católica do Concílio Vaticano II.

1. A comunhão sob duas espécies

Devo pôr como premissas alguns dados históricos e teológicos, penso, compreensivos para todos. Jesus havia instituído a Eucaristia sob o sinal do pão e do vinho, isto é, de comida e bebida que, juntos, realizam a imagem de banquete e de convívio. No discurso de Cafarnaum, disse: "Se não comeis a carne do filho do homem e não bebeis o seu sangue, não tereis a vida em vós", e ainda: "A minha carne é verdadeiramente comida e meu sangue é verdadeiramente bebida" (Jo 6,53.55). Ao instituir a Eucaristia disse: "Tomai e comei... Tomai e bebei todos". Não disse: "alguns", ou "quem quiser", mas "todos".

São Paulo nos atesta a fiel atuação deste mandamento na Igreja apostólica, nomeando uma vez "a comunhão do sangue de Cristo", precisamente antes da "comunhão do corpo de Cristo" (1Cor 10,16).

Algumas vozes, entre muitas, bastam para nos dar uma ideia do que representava o sangue na catequese eucarística dos Padres. "Reconhecei – dizia Sto. Agostinho aos neófitos – no pão aquele corpo que pendeu da cruz e no cálice aquele sangue que correu de seu lado... Para não desagregar-vos, comei o vínculo de vossa unidade; para não aviltar-vos, bebei o preço pago por vós" (Sto. Agostinho, *Sermo Denis* 3,3; Misc. Agost. 1, p. 19). O sangue de Cristo é o "preço de vosso resgate" (1Cor 6,20; Ef 1,7). Os fiéis são "preciosos" por causa do "preço" (*pretium*) que Cristo pagou por eles. "Se eu mostrar ao maligno a língua tingida com o precioso sangue – exclamava em seu canto Crisóstomo – não poderá resistir; se lhe fizer ver a boca tinta de púrpura, como uma fera espavorida fugirá. Queres conhecer a força deste sangue? Olha de onde brotou e de onde é a sua fonte: do alto da cruz, das costas do Senhor" (S. João Cr., *Catechesi battesimali 3,* 12.16; SCh. 50, p. 158s.).

Todo o amor e toda a reverência dos primeiros cristãos para com o sangue de Cristo ultrapassa o modo como costumavam recebê-lo: "Depois de haver comungado o corpo de Cristo – dizia um bispo a seus fiéis – aproxima-te do cálice de seu sangue. Não estendas as mãos, mas inclina-te, dize *Amém* em sinal de adoração e de veneração, e santifica a ti mesmo tomando o sangue de Cristo. Enxuga com as mãos a umidade que ficou em teus lábios e santifica, tocando-o, a tua fronte, os teus olhos e todos os teus sentidos. E dá graças a Deus que te julgou digno de participar de tais mistérios" (S. Cirilo de Jerusalém, *Catech. mist.* 5,22; PG 33, 1125). Tal amor e estima pelo sangue de Cristo são de origem de um dos símbolos mais queridos da Eucaristia: aquele do pelicano. Era crença comum na antiguidade que o pelicano abria com o bico uma ferida no peito para alimentar com o próprio sangue os seus filhotes esfomeados.

Ora, se olhamos, à luz destas premissas, o modo como a Eucaristia foi vivida por tanto tempo, não podemos não notar quanto, neste ponto, nos afastamos de sua fisionomia original. Muitos fatores acabaram por fazer tacitamente da Eucaristia o sacramento do corpo de Cristo e muito menos de seu sangue. Em primeiro lugar a comunhão dada aos fiéis sob a única espécie do pão. Também o modo como se desenvolveu o culto eucarístico fora da Missa involuntariamente contribuiu para isto. A exposição, a adoração e a bênção eucarística se faziam só com a Hóstia; na festa do Corpo de Deus levava-se em procissão só o corpo de Cristo; alguns dos cantos eucarísticos mais tradicionais *(Ave Verum, Panis angelicus)* apresentam a Eucaristia, sugestivamente, mas unilateralmente como "o verdadeiro corpo nascido de Maria" e como o "pão dos anjos", sem nenhuma menção de seu sangue. O sangue de Cristo acabou por aparecer como o "parente pobre" e como uma espécie de apêndice ao corpo de Cristo, com a consequência que a Eucaristia aparece mais adaptada a significar o mistério da encarnação do que o da paixão.

A piedade cristã tentou remediar este inconveniente desenvolvendo fora do mistério eucarístico uma grande devoção ao sangue de Cristo. Prova disto é a instituição da festa do Preciosíssimo Sangue, em 1º de julho, como se a festa do Corpo de Cristo não fosse a festa de seu sangue. Logo após o concílio esta festa foi supressa enquanto que paralelamente a festa do "Santíssimo Corpo de Cristo" tomou o nome mais exato de "Festa do Santíssimo Corpo e Sangue de Cristo".

Mas voltemos ao fato principal da comunhão sob as duas espécies. Sabe-se que ela foi a práxis ordinária também na Igreja latina até o século XII. No século V, o papa Gelásio chegou a condenar os que se abstinham de comungar do sangue de Cristo, dizendo: "Todos ou recebam todo o sacramento, ou sejam privados de tudo. De fato, não se pode separar, sem grande sacrilégio, este mistério que é uno e idêntico" *(Cânones,* PL 59,141). Depois, por razões prudenciais ("cresceu a multidão dos cristãos; entre eles há anciãos, jovens e crianças nem sempre em condições de ter a devida cautela em receber este sacramento"), tal práxis progressivamente foi abandonada e a comunhão do cálice ficou reservada só para o celebrante.

É instrutivo conhecer a motivação teológica que foi dada para esta nova práxis litúrgica. Ela se baseia na certeza de que "em cada uma das duas espécies está contido todo inteiro Cristo". Santo Tomás de Aquino, ao aduzir este princípio, explica logo seu sentido e seu limite. "É verdade – diz – que em cada uma das duas espécies está presente Cristo todo, porém, por razões diversas. De fato sob o sinal do pão o corpo de Cristo está presente "por força do sacramento", isto é, por força das palavras de Cristo, enquanto o sangue está presente somente por "força da natural concomitância", isto é, por força do fato que onde está um corpo vivente, aí está necessariamente também o seu sangue. Paralelamente, no sinal do vinho, o sangue de Cristo está presente "por força do sacramento", enquanto que o corpo de Cristo está presente só indiretamente, pelo princípio da "natural concomitância" *(S. Th.* III, 76,2).

O inconveniente nasce quando o princípio físico, ou metafísico, da "real concomitância" torna-se prevalente com respeito à vontade expressa de Cristo com as palavras da instituição ("a força do sacramento"). Quando, isto é, as categorias filosóficas do momento levam vantagem sobre as categorias bíblicas e são elas a determinar a práxis litúrgica. Mais vezes lembramos que para Aristóteles, como, de resto, também para nós hoje, o sangue, na sua acepção ordinária, não é mais que uma parte do corpo humano. Segundo esta lógica, seria preciso por isso concluir que, por força da natural concomitância, no corpo de Cristo não está presente só o sangue, mas também os nervos, os ossos, o coração, as mãos e cada parte do corpo humano! Mas assim se vê logo quanto tudo isso é cru e material e nos afasta do verdadeiro significado do rito instituído por Cristo. O sangue, pela Bíblia e nas palavras da instituição, é bem outra coisa que uma simples parte do corpo humano! É significativo notar que frente ao peso da Escritura e de toda a tradição antiga, as duas únicas "autoridades" que se puderam aduzir em favor da nova práxis litúrgica foram uma "glosa ordinária" e "o uso de muitas igrejas" (cf. *S. Th.* III, 76,2; 80,12, *Sed contra).*

Santo Tomás deixa entrever, ele mesmo, certa reserva na aplicação do princípio da real concomitância, sobretudo através das objeções que ele mesmo se põe. "Este sacramento – escreve – é celebrado em memória da paixão do Senhor; mas a paixão de Cristo é expressa melhor pelo sangue do que pelo corpo, pelo que seria preciso abster-se antes de tudo de receber o corpo que de receber o sangue" (S. *Th.* III, 80,12). De outra parte, o princípio segundo o qual no corpo está já contido também o sangue, tomado rigidamente, acaba por insinuar a ideia que uma das duas espécies é supérflua e que Cristo podia deixar de uni-las. "Ora – explica o mesmo santo – nenhuma das duas espécies é supérflua. Em primeiro lugar porque serve para representar ao vivo a paixão de Cristo, na qual o sangue foi separado do corpo; em segundo lugar, porque é conforme à índole deste sacramento que sejam oferecidos separadamente aos fiéis o corpo de Cristo como alimento e o sangue como bebida" (S. *Th.* III, 76,2).

Como se vê, nesta fase, a importância da comunhão do sangue de Cristo está ainda bem presente, não obstante tudo, na consciência da Igreja. O que determinou o abandono definitivo, teórico e prático da comunhão do sangue de Cristo foi, como em tantos outros casos, a reação às posições dos Reformadores protestantes. O Concílio de Trento não condenou a práxis da comunhão sob as duas espécies, mas a motivação teológica que os fautores dela (ditos Calistinos e Utraquistas) aduziam, e segundo a qual Cristo não estaria presente sob cada uma das duas espécies (DS 1726-1734). O concílio, antes, deixou a porta aberta para possíveis concessões no plano prático. Foi só mais tarde, em 1621, que o rito da comunhão sob as duas espécies foi definitivamente suspresso. Uma outra triste consequência da divisão entre os cristãos. O que resultava comprometida nesta nova práxis não era, evidentemente, a essência ou a validade do sacramento, mas a perfeição e o cumprimento do sinal. Sempre, de fato, se continuou a consagrar tanto o pão como o vinho e em cada Missa ao menos o celebrante comungava também do sangue de Cristo.

Em nossos dias, o Concílio Vaticano II reintroduziu a possibilidade da comunhão sob as duas espécies: "Permanecendo firmes – diz – os princípios doutrinais estabelecidos pelo Concílio de Trento (isto é, que em cada uma das duas espécies está presente Cristo todo), a comunhão sob as duas espécies se pode conceder quer aos clérigos e religiosos quer aos leigos nos casos determinados pela Sé Apostólica e segundo o juízo do bispo" (SC 55). A comunhão sob as duas espécies não só é permitida, mas também encorajada. "A santa comunhão – lê-se num texto oficial – exprime com maior exuberância sua forma de sinal, se vem feita sob duas espécies. Torna de fato mais evidente o sinal do banquete eucarístico e exprime mais claramente a vontade divina de ratificar a nova e eterna aliança no sangue do Senhor, e nela é mais intuitivo o relacionamento entre o banquete eucarístico e o convívio escatológico do reino do Pai" (Instr. *Eucharisticum mysterium* 32; AAS 59,1967, p. 558).

O novo Missal elenca catorze casos em que é permitido dar a comunhão do cálice aos presentes. A **esses** muitas conferências episcopais acrescentaram outros e não é proibido esperar que se chegue, um dia não longe, a poder dar a comunhão do sangue de Cristo a todos os que dele sintam desejo. Até quando se poderá ir adiante com uma práxis que discrimina entre Missa e Missa e entre uma categoria e outra de pessoas, dentro da mesma Missa, sem que a comunhão sob as duas espécies se torne sinal de distinção, em vez de comunhão entre os fiéis? Deve-se dizer que sob este ponto a atuação prática não foi além das normas fixadas pela autoridade eclesiástica, mas permaneceu bem aquém dela.

De pouco, todavia, adiantaria restabelecer de modo geral a comunhão sob as duas espécies, se ela não se apoiasse numa catequese apta a esclarecer o significado do sangue de Cristo, tornando-o desejável. Neste caso, reconstituir-se-ia, por assim dizer, o sinal *(sacramentum)*, não o significado ou a realidade dele (a *res sacramenti).* E é justamente para este fim que quero fazer que sirva toda a reflexão que segue. Queremos que também de nosso coração possa irromper aquele grito que sai dos lábios do mártir Santo Inácio: "Quero o pão de Deus que é a carne de Jesus Cristo e como bebida quero o seu sangue que é amor incorruptível!" *(Aos Romanos* 7,3). Devemos fazer de modo que o "Preciosíssimo Sangue" saia do âmbito das "devoções", em que muitas vezes termina por ser confinado, e retorne ao âmbito que lhe é próprio de kérigma e de sacramento. Que volte a ser para nós aquilo que era para Paulo e para os outros apóstolos que reassumiam com a palavra "sangue" toda a redenção e todo o amor de Cristo pela humanidade.

2. O sangue na Bíblia: figura, acontecimento e sacramento

Há uma espécie de fio escarlate ou um rastro de fogo que atravessa a Bíblia de um canto a outro e nos faz chegar à Eucaristia, e é o tema do sangue. Na procura de seguir este fio, ajuda-nos muito o esquema ilustrado no início do livro pelo qual a Eucaristia está presente em toda a história da salvação respectivamente como *figura* no Antigo Testamento, como *acontecimento* na vida de Jesus e como *sacramento* no tempo da Igreja. À luz deste esquema a efusão do sangue de Cristo aparece-nos primeiro *profeticamente* prefigurada, depois *historicamente* realizada e finalmente *sacramentalmente* renovada na Eucaristia.

As grandes figuras do sangue de Cristo no Antigo Testamento são: o sangue do cordeiro pascal (cf. Êx 12,7.13), o sangue da aliança com que Moisés aspergiu o povo (cf. Êx 24,8) e o sangue para a purificação dos pecados com que o sumo sacerdote entrava no Santo dos santos, no dia da Grande Expiação (cf. Lv 16,1 ss). Todas essas figuras não perdem seu valor com o aparecer da realidade que é o sangue de Cristo derramado na cruz, mas servem ao contrário para descrevê-la, interpretá-la e trazer à luz a absoluta superioridade em relação a cada prefiguração.

Jesus mesmo, nas palavras da instituição, refere-se a estas figuras usando expressões como "memorial" (cf. Êx 12,14), "sangue da nova aliança" e "em remissão dos pecados". A catequese apostólica segue por este caminho. "Saibam – lê-se na primeira carta de Pedro – que foram resgatados da vida fútil que herdaram dos seus antepassados não a preço de valores perecíveis, de ouro ou prata, mas pelo sangue precioso de Cristo, o Cordeiro sem defeito e sem mancha" (1Pd 1,18-19). Isto quanto ao cordeiro pascal. A carta aos Hebreus, de seu lado, tem todo um capítulo no qual, em contraponto com os ritos antigos, se fala do sangue de Cristo como princípio da nova e eterna aliança e da remissão dos pecados. "Ele entrou de uma vez por todas no santuário, não com sangue de carneiros ou novilhos, mas com o seu próprio sangue: assim ele conquistou para nós uma libertação eterna" (Hb 9,12).

As figuras do Antigo Testamento continuam sendo o quadro no qual se desenvolve a riquíssima catequese dos Padres. Comentando Êxodo 12,13 ("Eu verei o sangue e vos protegerei"), um deles escreve: "Tu, ó Jesus, verdadeiramente nos protegeste da grande ruína. Estendeste paternalmente os braços e nos escondeste à sombra de tuas asas, derramando sobre a terra teu sangue divino em libação cruenta por amor aos homens" *(Antiga homilia pascal 38;* SCh 27, p. 159).

Todo esse conjunto de figuras e de realidades chega até nós, dizia, como um rastro de fogo no sacramento da Eucaristia. Mas com uma importante novidade que constitui precisamente a caraterística do sacramento: no lugar da realidade, o sangue, há o sinal, o vinho. O vinho tem afinidade com o sangue, é o "sangue da uva" (Dt 32,14). "Isso permite evitar o horror natural provado pelo sangue, conservando também intata a eficácia do preço da redenção" (Sto. Ambrósio, *De sacr.* IV, 20). Não só isso, mas a transposição sangue-vinho dá finalmente um sentido à palavra de Jesus: "O meu sangue é verdadeiramente bebida"; evoca o "vinho novo", o da "vinha nova", isto é, a nova aliança e o Espírito Santo; retoma o tema da alegria e embriaguez espiritual (cf. Sl 23,5; 104,15), fazendo assim da Eucaristia uma antecipação do banquete escatológico do reino (cf. Mc 14,25).

"O Espírito Santo – escreve São Cipriano – não silencia sobre o mistério deste sangue; diz, de fato, nos Salmos: 'O teu cálice inebriante, quanto é admirável!' (cf. Sl 23,6). A embriaguez do cálice do Senhor e de seu sangue não é como a do vinho comum. O cálice do Senhor inebria de modo a fazer sóbrios e conduz os homens à sabedoria espiritual. E se o vinho comum solta a mente e relaxa a alma, afastando toda a tristeza, o sangue do Senhor e o cálice de salvação dissipam a lembrança do homem velho, fazem esquecer os costumes de um tempo e expelem a tristeza acumulada no coração por causa dos pecados, com a alegria do perdão divino" (S. Cipriano, *Ep.* 63,11; PL 4,394). É pensando em tudo isso que com as palavras de uma conhecida oração eucarística dizemos ainda hoje: "Sangue de Cristo, inebria-me!"

A catequese mistagógica tem necessidade de poesia para exprimir-se plenamente, porque é ela mesma uma forma sublime de pessoa que não "indaga", mas "canta" os mistérios da fé. Escutemos, por isso, um grande poeta católico que canta o "Precioso Sangue", justo em sua forma eucarística, e deixemo-nos transportar por seu clima "estático":

"Este sangue que recebeu de Maria,
E o calor de seu próprio coração,
Este sangue que teve em comum com ela,
Agora nos é infundido em sono luminoso
De embriaguez sacramental!...
Aquilo que elevamos em nossas mãos,
não é só um cálice de ouro,
É todo o sacrifício do Calvário!...
A Redenção inteira sobre nós
como um vaso se inclina,
Como os cinco rios do Paraíso...
Os nossos lábios descansam na outra vida"
(P. Claudel, *Le précieux Sang*).

Das cinco chagas de Cristo na cruz, correm os rios que irrigam o novo Paraíso que é a Igreja (cf. Gn 2,10). Graças à Eucaristia, nós nos tornamos "consanguíneos de Cristo" (S. Cirilo de Jerusalém) e, em sentido mais remoto, também de Maria. O que na *Ave verum* dizemos do corpo de Jesus, podemos dizer também, com igual título, de seu sangue: Ave verdadeiro sangue, nascido da Maria Virgem...".

Poder-se-ia perguntar com respeito a este ponto: por que tanta importância dada a uma realidade tão material como o sangue, por certos aspectos repugnante ao homem, por causa das imagens de sofrimento e de violência que evoca? Que coisa há no sangue para justificar um lugar tão relevante na religiosidade bíblica? A esta pergunta deve-se responder que o sangue, entendido o de Jesus, não interessa na Bíblia por si mesmo, em sua crua realidade física. O sangue, para o homem antigo, é a sede da vida, isto é, daquilo que há de mais precioso e mais sagrado no mundo. O derramamento do sangue por isso (quando, como no caso de Jesus, se trata do sangue próprio, não de outro ou de animais) é o sinal de um amor do qual não pode haver um maior (cf. Jo 15,13). "Não foi a morte do Filho que agradou ao Pai, e sim a sua vontade de morrer espontaneamente por nós" (S. Bernardo, *De err. Abel,* 8,21; PL 182, 1070). O sangue é sinal de uma obediência ao Pai e de um amor por nós, impelidos até a morte. Cristo "nos ama e nos libertou de nossos pecados com o seu sangue" (Ap 1,5). Um autor chama o sangue eucarístico de Jesus "a medida imensa de amor" (Cabasilas, *Vita in Cristo* III, 3; PG 150,580), apresentando-nos assim, só com duas palavras, a Eucaristia como mistério de amável condescendência e, ao mesmo tempo, de absoluta transcendência, como mistério "tremendo e fascinante", a par do próprio Deus.

Uma grande apaixonada do sangue de Cristo, Santa Catarina de Sena, assim escrevia a seu confessor: "Mergulha-te no sangue de Cristo crucificado, banha-te no sangue, inebria-te no sangue e rebatiza-te no sangue; se o demônio tiver ofuscado os olhos do intelecto, lava os teus olhos com o sangue; se caíste na ingratidão dos dons recebidos, sê grato pelo sangue... No calor do sangue desfaz-se a tibieza e na luz do sangue cai a escuridão e serás esposo da Verdade" *(Carta,* 120). Ao ler estas calorosas palavras, qualquer um poderia tomar a terna Catarina por uma sanguinária; mas basta ler "amor de Cristo" onde está escrito "sangue de Cristo" e tudo se torna logo claro.

Devemos, porém, estar atentos para não reduzir o sangue de Cristo a um puro símbolo, seja também de uma realidade tão grande como é o amor. Chama-se "símbolo" uma coisa que sugere e tem referência com outra, uma realidade material que está para uma realidade espiritual. Mas o sangue de Cristo não está só para uma realidade espiritual – o seu sangue, a sua obediência –; ele está por um acontecimento preciso dado no tempo e no espaço: "Ele entrou de uma vez por todas no santuário com o seu próprio sangue: assim ele conquistou para nós uma libertação eterna" (Hb 9,12). É daqui que lhe vem a força única e transcendente. Isso é sinal, mas também memorial. Não estabelece uma relação só vertical entre uma realidade visível e uma invisível, mas também uma relação horizontal, dentro da história, entre o sinal presente e o acontecimento passado. Isso nos põe em contato direto, também se sacramental, com a morte de Cristo. O sangue de Cristo é o sigilo rutilante posto sobre toda a Bíblia. Isso atesta que "tudo se cumpriu".

3. "Todos bebemos de um só Espírito"

São Paulo diz que Deus predestinou Jesus a servir de instrumento de expiação "por meio da fé em seu sangue" (Rm 3,25). Pareceria então que a fé, não o sacramento, é o meio para entrar em contato com a misericórdia do sangue de Cristo. A verdade é que as duas coisas são necessárias e que não é preciso contrapô-las, mas uni-las. O meio é, sim, a fé que encontra sua atuação concreta e plena no sacramento, isto é, na Eucaristia. É aqui que se renova cada vez o prodígio da "justificação gratuita mediante a fé". Vem consagrado e elevado diante de ti o sangue da nova aliança como foi elevada a serpente no deserto (cf. Gn 3,14). Tu crês que aquilo é o mesmo sangue que foi derramado por ti na cruz; lembra-te das palavras: "O sangue de Cristo nos purifica de todo pecado" (1Jo 1,7). Lança por isso nele todos os teus pecados como se atiram pedras numa fornalha de cal viva para que sejam todos reduzidos a nada e volta cada vez para casa como publicano "justificado" (Lc 18,14), isto é, perdoado, feito nova criatura.

Ás vezes, ao elevar o cálice depois da consagração, sinto necessidade de demorar por alguns instantes nesta posição. Se estou ciente de situações de luta ou de pecado particularmente duras, proclamo mentalmente sobre eles o poder do sangue de Cristo, seguro que não há nada mais eficaz a opor frente às ameaças das trevas e dos males. Se o anjo exterminador, dizia Crisóstomo, vendo só a figura do sangue nas portas dos hebreus, teve medo e não entrou para golpear (cf. Êx 12,23), quanto mais o demônio, à vista da realidade, fugirá para longe? (cf. *Catech. battes.* 3,15; SCh 50, p. 160).

A comunhão do corpo de Cristo é já capaz de fazer-nos entrar na posse de toda esta graça se acompanhada da viva fé no sangue de Cristo. Todavia a comunhão do cálice é o meio mais conforme, estabelecido por Cristo mesmo, para chegar a ela porque "significando-a, a causa", como se diz de todo sinal sacramental. A carta aos hebreus diz que "o sangue de Cristo... purifica a nossa consciência das obras mortas" (Hb 9,14). Os pecados são depositados no fundo da nossa consciência como corpos mortos. Que consolo descobrir que há um meio de libertar-se destes pesos mortos que nos oprimem, e que este meio está sempre a tua disposição no sacramento eucarístico! "Se cada vez que o sangue é derramado, é derramado pela remissão dos pecados, devo recebê-lo sempre, porque sempre volto aos pecados. Eu que sempre peco, devo sempre dispor da medicina" (Sto. Ambrósio, *De sacr.* IV, 28).

Mas o sangue de Cristo não tem este efeito, por assim dizer, negativo, de tirar o pecado; tem também um sumamente positivo que consiste em dar-nos o Espírito

Santo. "Por meio do sangue derramado por nós – escreve um autor antigo – nós recebemos o Espírito Santo. Sangue e Espírito estão associados para que mediante o sangue que nos é conatural possamos receber o Espírito Santo que está muito acima de nossa natureza" (*Homilia pascal do II séc.,* em SCh 36, p. 83). Por sua cor e calor, o sangue, como também o seu sinal que é o vinho, tem certa semelhança com o fogo ("fogo líquido", como muitas vezes são chamados!) e o fogo refere-se por sua vez ao Espírito Santo: "Nós bebemos o cálice da alegria, o sangue vivo e ardente, marcado pelo calor do Espírito", lemos numa das mais antigas homilias pascais (in SCh 27, p. 133s.). "Eu vos dou de beber um vinho – faz dizer a Jesus Santo Efrém – em que se misturam fogo e Espírito" (*Sermo hebd. sanct.* 2,627; CSCO 413, p. 41).

Pelo modo como se exprimia, esta ideia era influenciada pela visão estóica do tempo segundo a qual o sangue era a sede e o veículo, por assim dizer, do pneuma no corpo humano, mas na substância ela vem da Bíblia. João viu uma estreita relação entre o Espírito que Jesus "emite" na cruz e a água e o sangue que logo depois jorram de seu peito (cf. Jo 19,30.34), tanto que na primeira carta, referindo-se a este episódio, escreve: "Três são os que dão testemunho: o Espírito, a água e o sangue" (1Jo 5,7). Com a frase: "Todos bebemos de um só Espírito" (1Cor 12,13), São Paulo estabelece a mesma conexão entre a bebida eucarística e o Espírito Santo. Comentando o episódio da água que jorrou da rocha (cf. Êx 17,5s), ele escreve: "Bebiam todos de uma rocha espiritual e esta rocha era Cristo" (1Cor 10,4). Também o povo cristão tem, portanto, a sua "rocha espiritual" por onde chegará "bebida espiritual", que é o mesmo Espírito Santo. Uma rocha que o "acompanha" na história graças justamente à Eucaristia. "Àqueles brotou a água da rocha, a ti o sangue do Cristo; a água dessedentou aqueles por certo tempo, o sangue lava-te para sempre" (Sto. Ambrósio, *De myst.* 8,48). Por isto, não há caminho mais seguro para receber o Espírito Santo que comungar, com fé, o sangue de Cristo.

Como fazer, em conclusão, para restituir ao sangue de Cristo o lugar que lhe compete na teologia e na piedade eucarística? Ao lado da descoberta da importância do sangue na Bíblia e para a prática sempre mais ampla da comunhão sob as duas espécies poder-se-ia pensar também em alguns pequenos sinais concretos que (conforme forem autorizados pela autoridade competente) poderiam ajudar os fiéis a perceber a Eucaristia como o sacramento, juntamente, do corpo e do sangue de Cristo. Por exemplo: celebrar algumas vezes a Missa com um cálice transparente, de vidro ou de cristal, de modo que o povo possa contemplar com os próprios olhos o sangue do Senhor como contempla o seu corpo na hóstia; em algumas circunstâncias particulares fazer a adoração eucarística diante do corpo e sangue de Cristo, ou também só diante do sangue para lembrar que também no sangue está Cristo todo inteiro; levar em procissão na festa do Corpus Christi, não só o corpo mas também o sangue do Senhor... É claro que a conservação do vinho apresenta dificuldades maiores que as do pão, mas aqui não se trataria de conservá-lo indefinidamente, mas só para a ocasião.

Eu disse que o "Preciosíssimo Sangue", no âmbito da devoção, deve voltar mais claramente àquele do kérigma e do sacramento. Mas isto não significa renegar nada do que de válido e de esplêndido tal devoção produziu na Igreja nos últimos séculos. Ao contrário, significa dar a tudo isso uma sólida base dogmática. A fé não exclui a devoção, mas a suscita, especialmente quando se trata da devoção no sentido forte, aquela que é devida só a Deus. Também os inumeráveis Institutos religiosos surgidos nos últimos séculos, que trazem o nome do Preciosíssimo Sangue, podem encontrar nisso uma ajuda para descobrir a beleza do próprio carisma e vivê-lo de modo sempre mais condizente com a renovada sensibilidade bíblica e litúrgica de nosso tempo.

Terminamos fazendo nossas as palavras que têm servido às gerações de crentes antes de nós para exprimir o seu ardente desejo do sangue de Cristo:

"Pio pelicano, Senhor Jesus,
a mim, imundo, purifica-me com teu sangue,
que com uma só gota
pode salvar todo o mundo da culpa"
(Hino *Adoro te devote*).

Cada vez que voltamos a nosso lugar depois de haver comungado, especialmente se recebemos a comunhão sob as duas espécies, deveria ressoar em nosso íntimo aquela palavra da Escritura tão rica de sugestões e orientação: "Vocês se aproximaram... de Jesus, o mediador da nova aliança, e de um sangue de aspersão que fala melhor do que o de Abel" (Hb 12,24).

5
"FAZEI ISTO EM MEMÓRIA DE MIM"

*A Eucaristia faz a Igreja
mediante a contemplação*

Procurei mostrar até agora como a Eucaristia faz a Igreja mediante a consagração e mediante a comunhão. Nesta meditação pretendo mostrar ainda que a Eucaristia faz a Igreja de um outro modo, mediante a contemplação.

Eucaristia e contemplação são consideradas, muitas vezes, como duas vias distintas, quase paralelas para a perfeição cristã. A primeira é conhecida como a *via mistérica,* ou objetiva, que dá primazia aos sacramentos (mistérios), e, sobretudo, à Eucaristia. A segunda é conhecida como a *via mística,* ou subjetiva, que dá primazia à contemplação. Quiseram ver nisso certa diversificação entre época patrística e época moderna, entre espiritualidade ortodoxa e espiritualidade ocidental. A espiritualidade patrística e ortodoxa – dizem – funda-se mais nos mistérios. Ao invés, a espiritualidade ocidental, influenciada por alguns grandes místicos modernos, funda-se mais na contemplação, ou, para exprimir-se como um deles, Santa Teresa d'Ávila, funda-se na vida de oração.

Sejam lá como forem as coisas na realidade (que é sempre um tanto mais complexa do que os esquemas), eu creio ter chegado o momento de fazer a síntese destas duas vias, ou, melhor, de redescobrir a síntese que, sobre este assunto, já existira até princípios da época moderna, e que, por diversas razões, ficou sem ser devidamente notada. Conforme esta visão unitária, sacramentos e vida de oração não são duas "vias" diversas e alternativas para a santificação, mas estão intimamente ligadas e são interdependentes entre si. A base de tudo é certamente a vida sacramental, são os "mistérios", que nos põem em contato imediato e objetivo com a salvação que Deus, uma vez por todas, realizou em Cristo Jesus. Mas, por si só, os mistérios não bastam para fazer progredir no caminho espiritual. É necessário que à vida sacramental se junte uma vida interior, ou de contemplação. Na verdade, a contemplação é o meio pelo qual "recebemos", em rigor, os mistérios, é o meio pelo qual nós os interiorizamos e nos abrimos à sua ação; é o correspondente dos mistérios no plano existencial e subjetivo; é um modo de permitir à graça recebida nos sacramentos, de plasmar o nosso universo interior, isto é, os pensamentos, os afetos, a vontade, a memória.

A vida divina que recebemos nos sacramentos, só depois de ter-se assimilado na contemplação é que poderá exprimir-se concretamente também nas ações, isto é, no exercício das virtudes, e em primeiro lugar, da caridade. Como não existe uma ação humana que não brote de um pensamento (e se existe, é sem valor algum, ou é muito perigosa), assim não existe uma virtude cristã que não brote da contemplação. Escreve São Gregório de Nissa:

"Três são os elementos que manifestam e distinguem a vida do cristão: a ação, a palavra e o pensamento. O primeiro de todos é o *pensamento,* depois vem a *palavra* que descobre e manifesta com vocábulos o que a mente concebeu; por fim, em terceiro lugar, vem a *ação* que traduz com fatos o que se pensou. A perfeição da vida cristã consiste em assemelhar-se a Cristo em tudo, primeiro no interior do coração, depois no exterior das ações" (*Sobre o ideal perfeito do cristão,* PG 46, 283s.).

A contemplação é, pois, a via obrigatória para passar da comunhão com Cristo, na missa, à imitação de Cristo na vida. Por isso, como se fala de uma vocação universal para a santidade de todos os batizados (cf. *Lumen Gentium,* 39-40), do mesmo modo se deve falar de uma vocação universal de todos os batizados para a contemplação. A via da perfeição cristã vai dos mistérios à contemplação, e da contemplação à ação. Juntamente estes três elementos formam um único caminho de santidade aberto a todos os batizados conforme a medida imperscrutável do dom de Deus e da resposta que o homem livremente lhe dá. Por si, a "primazia da contemplação" sobre a ação não quer dizer que a contemplação é "mais importante" do que a prática das virtudes e a vida ativa, mas, que vem "antes", ela é a fonte. Especialmente se falamos de certo tipo de vida contemplativa, que é aberto a todos e que a todos é possível.

1. A lembrança constante de Cristo

Mal tentamos aplicar, de perto, estas premissas gerais que tratam dos mistérios, da Eucaristia, descobrimos imediatamente sua importância e sua atualidade. Aparece logo que, para assemelhar-nos a Cristo, não basta comer de seu corpo e beber de seu sangue. É preciso mais, contemplar este mistério. Há uma grande afinidade entre Eucaristia e Encarnação. Na Encarnação – diz Santo Agostinho – "Maria, antes de conceber o Verbo em seu corpo, concebeu-o no coração" (*Prius concepit mente quam corpore*). Antes, acrescenta, nada lhe teria valido ter trazido Cristo em seu seio, se não o tivesse trazido com amor também em seu coração (cf. *De s. virg.* 3; PL 40,398).

Maria, depois da Encarnação, estava, pois, repleta de Jesus não só em seu corpo, mas também em seu espírito; estava repleta de Jesus, porque pensava em Jesus, atendia a Jesus (e como atendia!) e amava a Jesus. Como toda mulher que "atende" a uma criança do melhor modo que pode, estava toda concentrada em si mesma. Seu olhar penetrava mais dentro do que fora, porque dentro estava seu tesouro, dentro trazia o doce segredo que a fazia embevecida e sem palavras. *Maria* – está no Evangelho de Lucas – *guardava estas coisas meditando-as em seu coração* (Lc 2,19). Nisso, ela nos aparece como o modelo mais perfeito daquilo que entendemos por contemplação eucarística. Assim deve ser o cristão sempre que recebe Jesus na Eucaristia. Ele deve acolher Cristo em seu coração, cada vez que o acolhe em seu corpo. (Conceber significa acolher em si). E acolher Cristo no coração significa, concretamente, pensar nele, ter suas atenções voltadas para ele, lembrar-se dele. Esta é precisamente a palavra-chave de nossa meditação: lembrar-se de Cristo, fazer memória dele.

Instituindo a Eucaristia, Jesus consagrou esta palavra, dizendo: *Fazei isto em memória de mim* (Lc 22,19). "Memória" é a categoria que une, de um modo ideal, a Eucaristia à Páscoa hebraica, que era também, como se sabe, um "memorial" (cf. Êx 12,14). Sua importância é tal que

São Paulo, ao falar da instituição, repete por duas vezes a ordem de Jesus. Ele especifica também qual é o conteúdo da memória a ser feita de Jesus, dizendo: *Todas as vezes que comeis deste pão, vós anunciais a morte do Senhor* (1Cor 11,26). O conteúdo é a morte de Cristo.

O memorial eucarístico tem uma dupla dimensão, ou um duplo significado: um que diz respeito a Deus e um que diz respeito ao homem. Podemos dizê-los, então, teológico e antropológico. *No sentido teológico,* o memorial consiste em fazer memória de Jesus ao Pai, em convidar o Pai a lembrar-se de tudo o que Jesus fez por nós, e, por amor dele, perdoar-nos e ser-nos benigno e complacente. Nós, com outras palavras, lembramos Jesus ao Pai, para que o Pai se lembre de nós. Um exegeta assim explica esta palavra de Jesus: "Fazei isto para que o Pai se lembre de mim". No Antigo Testamento, nos momentos de grandes provações, o povo se voltava para Deus, clamando: "Lembra-te de Abraão nosso pai, de Isaque e de Jacó". Um salmo diz: *Recorda-te, Senhor, de Davi e de todas as suas aflições* (Sl 132,1). Mas agora nós, povo da Nova Aliança, podemos dizer a Deus com maior eficácia que antes, podemos dizer-lhe: Lembra-te de Jesus, teu Filho, e de seu sacrifício! A liturgia da Igreja nos dá um exemplo. As orações eucarísticas da Missa – e, muito particularmente a Oração Eucarística IV – nada mais são do que uma *anamnesi,* isto é, fazer memória de Jesus ao Pai. Contam com maravilhosa ingenuidade (como se o Pai não soubesse!) tudo o que o Filho disse e fez por nós quando estava na terra conosco: "Ele se fez homem... Entregou-se voluntariamente à morte... Mandou, ó Pai, o Espírito Santo, primeiro dom aos que creram... Chegada a hora de ser glorificado por ti, Pai santo, tendo amado os seus que estavam no mundo, amou-os até o fim". Até mesmo as palavras da consagração têm um caráter narrativo; são uma descrição feita ao Pai de tudo o que Jesus disse, ao tomar e partir o pão por nós. Só depois de lembrar longamente ao Pai essas coisas de Jesus, é que pede a Ele que se lembre de nós: "E agora, ó Pai, recorda-te de todos aqueles pelos quais oferecemos este sacrifício"; "Lembra-te, ó Pai, de tua Igreja".

No sentido antropológico, ou existencial, o memorial eucarístico consiste em lembrar Jesus, não mais ao Pai, mas a nós mesmos, e em fazer que nós nos lembremos dele. Durante muitos séculos, a primeira palavra que o sacerdote pronunciava depois da consagração era "Unde et memores": "Por isso, recordando-nos, nós teus servos, da bem-aventurada paixão e da gloriosa ascensão de Jesus, teu Filho...". É preciso que voltemos a valorizar o imenso potencial espiritual contido nesta lembrança de Jesus. Devemos lembrar-nos de Jesus, nossa alegria e nossa força em nosso peregrinar neste mundo. "É doce a lembrança de Jesus que dá ao coração alegria e bonança", diz um antigo canto litúrgico atribuído a São Bernardo. Devemos chegar ao ponto de poder dizer a Jesus o que o profeta Isaías dizia a Deus no Antigo Testamento: *Todo o nosso desejo é lembrar teu nome e lembrar-nos de ti* (Is 26,8). De fato, a lembrança, ao aflorar à mente, tem o poder de catalisar todo o nosso mundo interior e de levá-lo até ao objeto de nossa lembrança, especialmente se este não é uma coisa, mas uma pessoa e uma pessoa muito amada. Quando uma mãe se lembra de seu filho a quem há pouco deu à luz, e que deixou em casa, tudo dentro dela se volta para essa criatura, um ímpeto de ternura faz estremecer suas entranhas e um véu de lágrimas lhe cobre o olhar. Assim acontece também aos santos, se bem que de um modo espiritual, quando se recordam de Deus. E isto que diz o salmista: *Quando em meu leito me recordo de ti, e na vigília da noite penso em ti... exulto de alegria à sombra de tuas asas* (Sl 63,7s.).

A memória é uma das faculdades mais misteriosas e grandiosas do espírito humano. Todas as coisas vistas, ouvidas, pensadas e feitas desde a mais tenra infância são conservadas neste "seio" imenso sem ocupar espaço algum, prontas a reaparecer e vir à luz ao menor aceno da vontade. Santo Agostinho escreveu coisas belíssimas sobre a memória, que, para ele, era sinal e vestígio da Trindade. São dele estas palavras: "É assaz grande essa faculdade, a memória. Sim, grande, ó meu Deus. Sua amplitude vai até ao infinito... Quem pode devassá-la? É tão ampla e tão vasta que pode levar a vertigens... Desde o tempo em que te conheci, tu permaneces na minha memória e é aí que eu te encontro quando me lembro de ti com alegria" *(Conf.* X, 8.17.24). Deus, que a imensidão dos céus não pode conter, pôde caber no templo da memória do homem! Recordar vem do latim *recordari* e significa literalmente fazer subir de novo (re-) ao coração (cor). Portanto não é uma atividade só do intelecto, mas é também da vontade e do coração; recordar é pensar com amor. Jesus atribui precisamente ao Espírito Santo o fato de podermos nos lembrar dele (cf. Jo 14,26).

Os Padres da Igreja, especialmente os gregos, elaboraram uma rica espiritualidade eucarística a partir da palavra de Jesus, que sempre se repete na liturgia: *Fazei isto em memória de mim.* Para eles, o fruto espiritual da Eucaristia não é outra coisa que a contínua memória de Jesus. É através da assiduidade desta lembrança que Deus, de fato, faz sua morada na alma e a transforma em seu templo. Segundo São Basílio,

Jesus, ao instituir a Eucaristia, queria justamente isto: que "comendo de seu corpo e bebendo de seu sangue, pudéssemos lembrar-nos sempre dele, morto e ressuscitado por nós" *(De bapt.* I, 3; PG 31, 1576).

Estes Padres, porém, insistem numa coisa: para que verdadeiramente se opere a transformação de nosso coração, a contemplação dos mistérios deve ser "assídua". "Já que a dor cheia de graça nasce do amor a Jesus, e o amor nasce dos pensamentos que têm por objetivo o Cristo e seu amor pelos homens, ajuda muito conservar tais pensamentos na memória, meditá-los na alma e deixar-se absorver continuamente por esta ocupação. Além disso, é muito útil exercitar-se nesta prática, sem interrupção e, se possível, por todo o tempo de vida, ou, ao menos, muitas vezes na vida; é assim que estes pensamentos se imprimem na alma até possuir todo o coração. Como o fogo não pode consumir o objeto se o contato não é contínuo, assim o pensamento não pode dispor o coração a nenhuma paixão se não dispõe de certo tempo, longo e contínuo" (N. Cabasilas, *Vida em Cristo*, VI, 4; PG 150, 653).

Devemos, pois, ter o desejo de chegar ao ponto que a lembrança de Jesus insinue e circule em nossos pensamentos como o mel nos favos. Isto não é coisa impossível, nem fora do que é normal na vida dos cristãos. Há muitas almas que, embora vivendo no mundo, já fizeram tal experiência, ao menos por algum tempo de sua vida. (Claro está que, enquanto estamos aqui embaixo, na terra, esta lembrança não será contínua, de modo permanente e inalterado.) Isso será facilitado, especialmente no início, pela repetição mental ou oral de uma palavra, como a invocação prolongada do nome de Jesus. É incrível a eficácia deste meio tão simples. O motivo é que o nome de Jesus serve, sobretudo, para afugentar os pensamentos de orgulho, de autocomplacência, de ira, os pensamentos impuros, e serve para potencializar os bons pensamentos. O nome de Jesus não é apenas um "nome". Nele está todo o mistério e o poder da pessoa de Cristo. A repetição do nome de Jesus, acompanhada da fé no poder do Senhor, serve para "romper" o fio do pensamento mau ou inútil e para, aos poucos, imbuir-nos dos "sentimentos que havia em Cristo Jesus" (Fl 2,5). Assim, o homem acostuma-se a "pensar segundo Deus, e não segundo os homens" (cf. Mt 16,23) e seu coração se torna "puro". Na verdade, o que mancha o nosso coração é, sobretudo, a busca de nós mesmos e a própria glória. Mas o homem que contempla a Deus, é igual àquele que volta as costas a si mesmo: é constrangido a esquecer-se e a perder-se de vista. Quem contempla não se contempla!

2. A adoração diante do Santíssimo

Procurei até aqui esclarecer o princípio geral da contemplação eucarística e o lugar que ela deve ocupar no caminho da santificação. Agora quero mostrar algumas formas de que ela pode revestir-se e os meios que temos à disposição para cultivá-la.

Uma primeira forma de contemplação é a própria *liturgia da palavra na Missa*. Cada vez que meditamos a palavra ela nos traz um aspecto da história da salvação e nos apresenta um fato da vida de Jesus, e dá, em parte, um conteúdo novo à memória que dele fazemos. A liturgia da palavra ilumina a Eucaristia, ajuda a penetrar nas profundezas inexauríveis do mistério que se celebra. Demos um exemplo concreto: o domingo 29 do ciclo B do ano litúrgico. Na primeira leitura encontramos Isaías dizendo: "Desprezado e rejeitado dos homens, homem das dores que sabe o que é sofrer..."; (Is 53,2ss.). Na segunda leitura, vemos em Hebreus 4,14-16: "Temos um grande e sumo sacerdote..."; enfim, um trecho de Marcos 10,35-45, diz: "Podeis beber o cálice que eu bebo? O Filho do homem não veio para ser servido..." Cada uma dessas palavras abre-se à contemplação eucarística como um vasto horizonte! A mesa da palavra prepara a mesa do pão; desperta o desejo e faz crescer o gosto de Cristo. Foi isso que aconteceu naquela extraordinária liturgia vivida pelos discípulos de Emaús: a explicação das Escrituras fez arder o coração dos dois discípulos, e assim dispostos foram capazes de "reconhecer" o Senhor no partir do pão.

Uma forma de contemplação eucarística é também o tempo de preparação e de ação de graças antes e depois da comunhão.

Mas a forma por excelência de contemplação eucarística é a adoração silenciosa diante do Santíssimo. É certo que podemos contemplar Jesus-Eucaristia também estando longe, no tabernáculo de nossa mente (Segundo uma nota encontrada no seu breviário, São Francisco costumava dizer: "Quando não estou presente à Missa, adoro o corpo de Cristo na oração, com os olhos da mente, do mesmo modo como o adoro quando o contemplo durante a celebração eucarística"). Entretanto, a contemplação feita na presença real de Cristo, diante das espécies que o contêm, num lugar possivelmente de recolhimento, e já impregnado, por assim dizer, de sua presença, é coisa que nos é de grande ajuda e valia.

Em sua carta sobre *"O mistério e o culto da SS. Eucarística"*, de quinta-feira santa de 1980, o Santo Padre João Paulo II escrevia: "A adoração de Cristo neste sacramento de amor deve encontrar sua expressão em diversas formas de devoção eucarística: oração pessoal diante do Santíssimo, horas de adoração, exposições breves, prolongadas, anuais... A animação e o aprofundamento do culto eucarístico provam a autêntica renovação que o concílio propõe como fim, e são o ponto central... Jesus espera por nós neste sacramento de amor. Não poupemos nosso tempo para ir a seu encontro na adoração e na contemplação cheia de fé". Tal exortação era necessária. A piedade eucarística tradicional estava, de fato, um tanto esquecida no fervor da renovação litúrgica que, por sua natureza, tende mais ao que é comunitário e ritual do que ao que é piedade pessoal. Isso aconteceu também por causa de certo ingênuo excesso de sociologismo e de secularismo que vê na Eucaristia quase só o aspecto convivial, ou, como se diz, horizontal. O movimento centrífugo (voltado para os pobres, para o empenho político, para o terceiro mundo etc.), que caracterizou tantas comunidades cristãs depois do concílio, tem necessidade de ser reequilibrado por um movimento centrípeto, de volta ao coração da comunidade, ao centro, que é a Eucaristia. O arcebispo de Milão, C. M. Martini, em sua primeira carta pastoral, *"A dimensão contemplativa da vida"*, insiste também na necessidade desta descoberta, dizendo: "Tudo isso (fazer na Eucaristia a forma da própria vida) pede, em concreto, o cultivo de atitudes interiores que precedam, acompanhem e sigam a celebração eucarística: escuta da palavra revelada, contemplação dos mistérios de Jesus, intuição da vontade do Pai vinda das palavras de Jesus, confronto entre o projeto de vida que brota da Páscoa-Eucaristia, e as sempre novas situações espirituais em que a comunidade e cada fiel possivelmente se encontram. Por isso, oração silenciosa, escuta da palavra, meditação bíblica, reflexão pessoal não se separam da Eucaristia, mas estão vitalmente ligadas a ela."

O culto e adoração da Eucaristia fora da Missa é um fruto relativamente novo da piedade cristã. Começou, de fato, a desenvolver-se no Ocidente, a partir do século XI, como reação à heresia de Berengário de Tours que negava a presença "real" e admitia uma presença apenas simbólica de Jesus na Eucaristia. A partir de então, pode-se dizer, não existiu um santo em cuja vida não se vê uma determinante influência da piedade eucarística. Tornou-se ela fonte de imensas energias espirituais, uma espécie de lareira sempre acesa na casa de Deus onde todos os grandes filhos da Igreja vinham aquecer-se.

É possível ver no desenvolvimento tardio do culto eucarístico fora da Missa um caminho para deixar, a este respeito, certa liberdade às diversas confissões cristãs (cf. M. Thurian, *O mistério da Eucaristia*. Uma aproximação ecumênica, Roma 1982). Tal piedade eucarística é um dom que o Espírito concedeu à Igreja católica, e que esta, agradecida, deve cultivar também para os demais cristãos, deixando-os, contudo, livres, isto é, sem forçá-los. Cada grande corrente espiritual, no seio do cristianismo, tem tido seu carisma particular que constitui um contributo seu à riqueza de toda a Igreja. Assim, para os protestantes, é o culto da Palavra de Deus; para os ortodoxos, o culto das imagens (ícones) (neste campo, nós católicos temos conseguido muito deles!); para a Igreja católica, é o culto eucarístico. Através de cada uma dessas três vias chega-se a um denominador comum que, no fundo, é a contemplação de Cristo e de seu mistério.

Se o dom particular da Igreja católica e o segredo de sua força estão no modo único de Jesus-Eucaristia estar presente e ser adorado nela, então se vê como é importante que voltemos a valorizar plenamente este dom. É como se agora o Espírito Santo impelisse a Igreja a retomar certas formas de piedade eucarística que estavam um tanto desaparecidas devido à rotina e ao ritualismo, mas a retomá-las com renovado fervor introduzindo nelas, como acréscimo, a sensibilidade bíblica e litúrgica que, nesse meio tempo, a piedade cristã adquiriu. Assiste-se ao renascer de uma profunda necessidade de adoração eucarística e de estar, como Maria de Betânia, aos pés do Mestre (cf. Lc 10,39). Estamos descobrindo que o corpo místico de Cristo, que é a Igreja, não pode nascer nem desenvolver-se de outro modo que não junto de seu corpo real, que é a Eucaristia.

É nesse sentido que eu digo que a Eucaristia faz a Igreja mediante a contemplação. Permanecendo calmos e silenciosos, o mais que podemos, diante de Jesus sacramentado, podemos perceber os seus desejos a nosso respeito, podemos deixar os próprios projetos para fazer nossos os de Cristo, e, aos poucos, a luz de Deus nos penetra o coração para lhe dar nova vida. Acontece coisa semelhante com o que acontece às árvores na primavera, isto é, o processo de clorofila. Despontam dos ramos as folhas verdes; estas absorvem da atmosfera certos elementos que sob o efeito da luz solar são "fixados" e transformados em nutrimento da planta. Sem tais folhinhas verdes a planta não poderia crescer nem produzir frutos, e não contribuiria para renovar o oxigênio que nós respiramos. Devemos ser como estas folhas verdes! Elas são um símbolo das almas eucarísticas que, contemplando o "Sol de justiça", Cristo, "fixam" o nutrimento que é o próprio Espírito Santo em benefício de toda a grande árvore que é a Igreja. Com outras palavras, é isto que diz o apóstolo Paulo quando escreve: *E nós todos que, de rosto descoberto, refletindo como num espe-*

lho a glória do Senhor, somos transformados nesta mesma imagem, indo de glória em glória, como convém ao Senhor, que é Espírito (2Cor 3,18).

Um poeta contemporâneo criou um verso estupendo que poderia ter sido feito muito bem por uma alma em contemplação diante da Eucaristia: "Eu me ilumino do imenso" (G. Ungaretti).

3. Eu olho para ele e ele olha para mim

Mas, concretamente, que significa fazer contemplação eucarística? Por si mesma, a contemplação eucarística não é outra coisa que a capacidade, ou melhor, o dom de estabelecer um contato de coração a coração com Jesus presente realmente na Hóstia, e, através dele, elevar-se ao Pai no Espírito Santo. Tudo isso torna-se mais possível no silêncio, exterior e interior. O silêncio é o esposo predileto da contemplação que a guarda e protege, como José guardava e protegia Maria. Contemplar é fixar-se intuitivamente sobre a realeza divina (que pode ser Deus mesmo, um seu atributo, ou um mistério da vida de Cristo) e gozar de sua presença. Na meditação prevalece a *busca* da verdade; na contemplação, ao invés, prevalece o *gozo* da verdade encontrada.

Os grandes mestres espirituais assim definiram a contemplação: "É um olhar livre, penetrante e imóvel" (Hugo de S. Vitor), ou então: "É um olhar afetivo para Deus" (São Boaventura). Fazia verdadeira contemplação eucarística aquele caipira da paróquia de Ars que, imóvel, passava horas e horas, na igreja, com o olhar voltado para o tabernáculo. Perguntado pelo Santo Cura o que fazia assim durante todo o dia, respondeu: "Nada, eu olho para ele e ele olha para mim!" Isto nos diz que a contemplação cristã não é olhar no vazio nem voltar ao "Nada" (como é a de certas religiões orientais, particularmente a do budismo). São sempre dois olhares que se encontram: o nosso olhar para Deus e o de Deus para nós. Se, por vezes, baixamos e desviamos nosso olhar, jamais isto acontecerá da parte de Deus. A contemplação eucarística, às vezes, reduz-se, simplesmente a fazer companhia a Jesus, a estar sob o seu olhar dando-lhe a alegria de poder também ele contemplar-nos. Somos criaturas saídas do nada e pecadoras, mas somos também fruto de sua paixão. Somos aqueles pelos quais ele deu a vida: "Ele olha para mim!"

A contemplação eucarística, por si, não fica impedida pela aridez que, às vezes, pode vir por dissipação nossa ou permissão de Deus que entende purificar-nos. Basta dar-lhe um sentido, de renunciar a satisfação que o fervor nos dá, para fazê-lo feliz e dizer-lhe como Carlos de Foucauld: "A tua felicidade, Senhor, me basta!"; isto é: basta-me que tu sejas feliz. Jesus tem toda a eternidade à sua disposição para nos fazer felizes; nós temos apenas este breve espaço de tempo para dar-lhe felicidade: como, pois, resignar-se a perder esta oportunidade que nunca mais voltará? Às vezes nossa adoração eucarística pode parecer pura e simplesmente perda de tempo, um olhar sem ver; mas, que força e que testemunho de fé ela contém! Jesus sabe que poderíamos ir embora e fazer mil outras coisas que nos agradariam muito mais, enquanto permanecemos ali perdendo o tempo que temos. Quando não conseguimos rezar com a mente podemos sempre rezar com o corpo, e isto é rezar com o corpo.

Contemplando Jesus no Sacramento do altar realizamos a profecia feita quando Jesus morria na cruz: *Olharão para aquele que transpassaram* (Jo 19,37). Antes, tal contemplação é, ela mesma, uma profecia porque antecipa aquilo que faremos por todo o sempre na Jerusalém celeste. É a atividade mais escatológica e profética que se pode cumprir na Igreja. No fim, não se imolará mais o cordeiro nem se comerá mais de sua carne. Não haverá mais consagração nem comunhão; só não cessará a contemplação do Cordeiro que se imolou por nós. É precisamente isto que os santos farão no céu (cf. Ap 5,1ss.). Quando estamos diante do tabernáculo já formamos um só coro com a Igreja de cima: eles na frente, e nós, por assim dizer, atrás do altar; eles na visão, e nós na fé.

No livro do Êxodo lemos *que quando Moisés desceu do monte Sinai não sabia que a pele de seu rosto resplandecia, porque havia falado com ele* (Êx 34,29). Moisés não sabia nem nós saberemos (e é bom que seja assim); mas poderá acontecer também a nós, que voltando aos irmãos depois destes momentos, alguém veja que nosso rosto ficou resplandecente já que tínhamos contemplado o Senhor. E isto será o dom mais precioso que lhes poderemos oferecer.

6
"EU VOS DEI O EXEMPLO"

*A Eucaristia faz a Igreja
mediante a imitação*

Na narração da ceia que nos fizeram Lucas e Paulo encontramos a ordem de Jesus: Façam isto em memória de mim. São João também, ao narrar a última ceia em seu evangelho, traz uma ordem de Jesus. Diz: Pois eu lhes dei o exemplo, para que façam como eu fiz (Jo 13,15). Essas duas "ordens" de Jesus estão inegavelmente relacionadas entre si. Contudo, há nelas uma diferença: no primeiro caso trata-se de um "fazer memória, portanto de qualquer coisa que se refere à liturgia, no segundo caso, ao invés, trata-se de um fazer ("para que façam"), isto é, de qualquer coisa que se refere à própria vida. É a própria progressão evangélica que nos leva a passar da memória à imitação, da contemplação eucarística à práxis eucarística.

A ceia descrita por São João nos capítulos 13-17 de seu evangelho não é uma ceia "pascal". A ceia pascal hebraica, de fato, acontecia na tarde de 14 Nisan. (Conforme João, Jesus morre em 14 Nisan, quando os judeus deviam ainda consumar a ceia pascal e justamente por isso não entram no pretório de Pilatos: cf. Jo 18,28). A ceia "pascal" de Jesus, descrita pelos Sinóticos, poderia ter sido celebrada qualquer dia antes, seguindo um calendário litúrgico diverso daquele oficial do templo, em uso também entre os Essênios de Qumran, a menos que não se trate da mesma ceia idêntica, onde os Sinóticos põem em destaque o caráter pascal e eucarístico, diferentemente de João que prefere silenciar.

Mas não é meu propósito ocupar-me da famosa questão cronológica da paixão. O que interessa saber é porque João, na narração da última ceia, não fala da instituição da Eucaristia, para falar, em lugar dela, do lava-pés. Não se pode pensar que ele não conheça o rito da Eucaristia, ou que o rito não fosse praticado no ambiente de onde saiu o quarto evangelho, porque, ao contrário, é sabido que toda a narração dos acontecimentos pascais no quarto evangelho é feita justamente a partir da liturgia eucarística então em uso naquele ambiente (que era a celebração da páscoa no 14 de Nisan) e como revivido por ela. O motivo principal não é, como era costume dizer, que João, escrevendo depois dos outros evangelistas, tivesse a intenção de integrar ou completar os Sinóticos publicando o que os outros já tinham escrito, nem que ele quisesse evitar a divulgação do mistério cristão. O motivo verdadeiro é que em tudo o que diz respeito à Páscoa e à Eucaristia, João mostra a vontade de acentuar mais o *acontecimento* do que o *sacramento,* isto é, mais o significado do que o sinal. Para ele a nova Páscoa não começa exatamente no Cenáculo quando se institui o *rito* que deve comemorá-la, mas começa na cruz quando se cumpre o *fato* que deve ser comemorado. Analogamente podemos pensar que dando realce, no quadro da última ceia, ao gesto do lava-pés, João quisesse recordar à comunidade cristã que celebrava já habitualmente o rito da Eucaristia, qual era o significado de tal rito, quais as exigências concretas contidas nele para a Igreja. O evangelista, com outras palavras, como já falei acima, tacitamente nos convida a passar da liturgia à vida, da memória à imitação da Eucaristia.

1. O significado do lava-pés

Daí se entende que é importante compreender bem o significado que para João tem o gesto de Jesus, de lavar os pés a seus discípulos. Estamos diante de um daqueles episódios (um outro é, por exemplo, o episódio de seu peito transpassado) no qual o evangelista deixa entender claramente que está diante de um mistério que vai muito além de um fato contingente que poderia, em si mesmo, parecer insignificante.

"Eu – diz Jesus – lhes dei o exemplo." De que ele nos deu o exemplo? De como devemos lavar materialmente os pés aos irmãos cada vez que nos sentamos à mesa? Certamente, não! Ele deu o exemplo de uma outra coisa que facilmente descobrirá quem lê o Evangelho e já conhece quem é Jesus.

Ao reler um dia a narração do lava-pés, tocou-me a afinidade profunda com o hino a Cristo na epístola aos Filipenses. Também aí há um convite à imitação: "Tenham em vocês os mesmos sentimentos que foram os de Cristo Jesus"; depois vem uma descrição de Jesus que sendo de condição divina "despoja-se" para assumir a "condição de servo". De seu lado, João nos apresenta Jesus que mesmo "sabendo que o Pai lhe havia dado tudo em mãos e que viera de Deus e que voltava a Deus", despoja-se de suas vestes, cinge-se de uma toalha que é o traje de servos e se põe a lavar os pés dos discípulos. Poder-se-ia dizer que o evangelista traduz aqui em imagens plásticas e em gestos concretos o que Paulo disse de um modo geral e explícito.

Na realidade, trata-se sempre do mesmo tema que percorre todos os escritos do Novo Testamento: Jesus servo de Deus e dos homens. No evangelho de Lucas, precisamente no contexto da ceia, alude-se a uma palavra de Jesus que parece ter sido pronunciada no ato final do lava-pés: *Pois, quem é o maior: quem está à mesa ou quem está servindo? Não é aquele que está à mesa? Eu, porém, estou no meio de vocês como aquele que serve* (Lc 22,27). Segundo o evangelista, Jesus disse estas palavras porque entre os discípulos houve uma discussão sobre quem deles podia ser considerado o maior (cf. Lc 22,24). Talvez tenha sido essa mesma circunstância que inspirou a Jesus o gesto de lavar os pés, como uma espécie de parábola em ação. Enquanto os discípulos discutem acaloradamente entre si, silenciosamente ele se levanta da mesa, pega uma bacia com água e uma toalha, depois volta e ajoelha-se diante de Pedro para lavar-lhe os pés, deixando-o compreensivelmente numa grande confusão: *Senhor, tu me lavas os pés?* (Jo 13,6).

No lava-pés Jesus quis reassumir todo o sentido de sua vida para que permanecesse para sempre na lembrança dos discípulos o seu gesto, e para que um dia, quando pudessem entender, entendessem: *O que eu faço, você não o compreende agora, mas depois o compreenderá* (Jo 13,7). Este gesto posto como conclusão dos evangelhos nos diz que toda a vida de Jesus, do começo ao fim, foi um lava-pés, isto é, um serviço aos homens. Foi – como um exegeta gosta de dizer – uma *pro-existência,* isto é, uma vida vivida a bem dos outros.

Jesus nos deu o exemplo de uma vida dedicada aos outros, uma vida feita "pão partido para o mundo". Com as palavras: "Façam vocês também como eu tenho feito", Jesus institui a *diakonia,* isto é, o serviço, e o põe como lei fundamental, ou melhor, como estilo de vida e modelo para a Igreja em todos os seus empreendimentos.

Jesus disse a Pedro que ele entenderia "depois" e, de fato, depois – isto é, depois da Páscoa – a Igreja não cessa de falar do serviço e de inculcá-lo, de todos os modos, aos discípulos. Traçando o perfil da viúva ideal, as epístolas pastorais mencionam o lava-pés como um ponto qualificante: *Tinha lavado os pés aos santos...* (1Tm 5,10). Também a doutrina dos carismas é toda orientada para o serviço; o serviço aparece como alma e coroa de todo carisma. São Paulo afirma que toda "manifestação particular do Espírito" é concedida "para utilidade comum" (cf. 1Cor 12,7) e que os carismas são distribuídos *para tornar idôneos os irmãos a prestar serviços (diakonia)* (Ef 4,12). O apóstolo Pedro também recomenda a hospitalidade, escrevendo: *Cada um, conforme a graça que recebeu, ponha-se a serviço (diakonia) dos outros* (1Pd 4,10). As duas coisas – carisma e ministério, ou serviço – aparecem sempre vitalmente ligadas entre si. Um carisma que não encarna e não se traduz em serviço é como um talento enterrado que se transforma em sinal de condenação (cf. Mt 25,25); é como o arado que enferruja, se fica sem arar a terra. A Igreja é carismática para servir!

2. O espírito de serviço

Mas, precisamos aprofundar o significado da palavra "serviço" para podermos realizá-lo em nossa vida, e não ficarmos só em palavras. O serviço não é, em si mesmo, uma virtude; em nenhum catálogo das virtudes ou dos frutos do Espírito Santo, como os chama o Novo Testamento, encontramos a palavra *diakonia,* serviço. Antes, fala-se de um serviço ao pecado (cf. Rm 6,16) ou aos ídolos (cf. 1Cor 6,9) que certamente não é um serviço bom. Por si o serviço é uma coisa neutra: indica uma condição de vida, ou um modo de relacionar-se com os outros no trabalho, uma dependência de outros. Pode ser uma coisa negativa se feita por pressão (escravidão) ou só por interesse. Hoje todos falam de serviço; todos dizem estar a serviço: o comerciante serve aos clientes; quem tem um encargo na sociedade diz que presta serviço ou que é pessoa de serviço. Mas é evidente que o serviço de que fala o Evangelho é outra coisa, embora não exclua nem desqualifique necessariamente o serviço como o mundo o entende. A diferença toda está nas motivações e na conduta interior de quem faz o serviço. Se relermos a narração do lava-pés, veremos com que espírito Jesus o executa e o que o move: *Tendo amado os seus que estavam neste mundo, amou-os até o fim* (Jo 13,1). O serviço é um modo de manifestar-se do *ágape,* isto é, daquele amor que "não busca o próprio interesse" (cf. 1Cor 13,5), mas o dos outros, que é generosa e espontânea doação. Em suma, é uma participação e uma imitação do agir de Deus que sendo "o Bem, todo o Bem, o Sumo Bem" só pode amar e beneficiar gratuitamente, sem nenhum proveito próprio. Por isso, o serviço evangélico é o oposto do serviço do mundo, não é próprio do inferior, do necessitado, de quem não tem, mas é próprio de quem possui, de quem está no alto, de quem tem. Daquele que recebeu muito, muito será pedido em forma de serviço (cf. Lc 12,48). Jesus diz que em sua Igreja, principalmente, *quem governa* é que deve ser o *servo de todos* (Mc 10,44). O lava-pés é "o sacramento da autoridade cristã".

Ao lado da gratuidade, o serviço exprime uma outra grande característica do *ágape* divino: a humildade. As palavras de Jesus: *Vocês devem lavar os pés uns dos outros,* significam: Vocês devem servir mutuamente com caridade e humildade. Caridade e humildade, juntas, formam o serviço evangélico. Certa vez Jesus disse: *Aprendam comigo, porque sou manso e humilde de coração* (Mt 11,29). Mas, que é que Jesus fez para chamar-se "humilde"? Teria sentido menosprezo de si mesmo, ou teria falado de sua pessoa com modéstia? Ao contrário, foi no próprio episódio do lava-pés que ele disse ser "Mestre e Senhor" (cf. Jo 13,13). Então, que é que fez para chamar--se "humilde"? Abaixou-se, desceu para servir! Desde o momento da encarnação, não fez outra coisa que descer, descer até chegar ao ponto extremo, quando o vemos de joelhos no ato de lavar os pés aos discípulos. Que frêmito deveria ter passado entre os anjos ao ver abaixar-se desta forma o Filho de Deus para quem sequer eles ousam olhar (cf. 1Pd 1,12). O Criador está de joelhos diante da criatura! "Enrubesce-te em teu orgulho, ó cinza: Deus se abaixa, e tu te exaltas!", dizia a si mesmo São Bernardo. Entendida assim – como um abaixar-se para servir – a humildade é, de fato, o caminho real para assemelhar-nos a Deus e para imitar a Eucaristia em nossa vida. "Vede, irmãos, a humildade de Deus – exclama outra vez São Francisco – e abri-lhe os vossos corações; humilhai-vos também para que Ele vos exalte. Não guardeis nada de tudo o que tendes para que vos acolha aquele que a vós se deu todo" (*Carta Cap. Geral,* 2).

O fruto desta meditação deveria ser uma corajosa revisão de nossa vida (hábitos, encargos, horários de trabalho, distribuição e emprego de tempo) para ver se tudo isso é realmente um serviço, e se neste serviço há amor e humildade. O ponto fundamental é saber se nós servimos aos irmãos, ou, ao invés, se nos servimos deles. Serve-se dos irmãos e os instrumentaliza aquele que, infelizmente, se desmancha pelos outros e se mata, como se diz, mas em tudo o que faz há um interesse qualquer próprio, e procura de alguma forma a aprovação, o aplauso, o elogio e a satisfação de sentir-se, no íntimo, benfeitor. Neste ponto o Evangelho apresenta exigências de uma extrema radicalidade: *Não saiba a tua mão esquerda o que faz a direita* (Mt 6,3). Tudo o que é feito, seja o que for, "para ser visto pelos homens", é trabalho perdido e perda de tempo. Cristo não buscou o que lhe agradava! (Rm 15,3): esta é a regra do serviço.

Para fazer o "discernimento dos espíritos", isto é, das intenções que nos movem em nosso serviço, é útil ver quais são os serviços que fazemos de boa vontade, e quais são os que recusamos de todos os modos. Ver ainda se o nosso coração está disposto a abandonar – quando nos for pedido – um serviço nobre que enaltece por um serviço humilde que não aparece. Os serviços mais seguros são aqueles que fazemos sem que ninguém perceba, nem mesmo quem o recebe, mas só o Pai que vê os mais íntimos segredos. Jesus transformou em símbolo de serviço um dos gestos mais humildes que então se conhecia, e que era confiado habitualmente aos escravos: o de lavar os pés. São Paulo exorta: *Tenham a mesma estima para com todos, sem procurar grandezas, mas sejam solidários com os humildes* (Rm 12,16).

Ao espírito de serviço opõe-se a fome de domínio, o hábito de impor aos outros a própria vontade e o próprio modo de ver ou de fazer as coisas. Em suma, o autoritarismo. Muitas vezes quem tiraniza com estas disposições não se dá a mínima conta dos sofrimentos que causa, e até se pasma ao ver que os outros não se dispõem a valorizar todo o seu "interesse" e os seus esforços, e então se faz de vítima. Jesus disse a seus discípulos que eles devem ser como "cordeiros no meio de lobos", mas estes, ao contrário, são lobos no meio de cordeiros. Grande parte dos sofrimentos que às vezes afligem uma família ou uma comunidade vem da existência em seu meio de algum espírito autoritário e despótico que pisa sobre os outros com sapatos ferrados e que, sob o pretexto de "servir" aos outros, na verdade, subjuga e oprime.

É bem possível que este "alguém" sejamos nós mesmos! Se houver uma dúvida neste sentido, seria bom que interrogássemos quem vive ao nosso lado e lhes déssemos a possibilidade de falar sem receio e cismas. Se resultar que tornamos muito difícil a vida de alguém, então, com humildade, aceitemos a realidade e repensemos nosso modo de servir.

Ao espírito de serviço opõe-se também, por outro lado, o apego exagerado aos próprios hábitos e comodidades. Em suma, o espírito de moleza. Não pode servir seriamente aos outros quem sempre busca contentar-se a si mesmo, quem faz de seu repouso um ídolo, como também de seu tempo livre e de seu horário. A regra do serviço permanece sempre a mesma: Cristo não procurou satisfazer-se a si mesmo.

Vimos que o serviço é a virtude de quem preside, é a coisa que Jesus deixou aos pastores da Igreja, como herança a mais cara. Vimos que todos os carismas estão em função do serviço; mas de um modo todo particular o serviço é o carisma dos "pastores e mestres" (cf. Ef 4,11), isto é, o carisma da autoridade. A Igreja é "carismática" para servir, e é também "hierárquica" para servir!

3. O serviço do Espírito

Se para todos os cristãos servir significa "não viver mais para si mesmo" (cf. 2Cor 5,15), para os pastores significa: "não pastorear a si mesmos": *Ai dos pastores de Israel que se apascentam a si mesmos! Não devem os pastores apascentar o seu rebanho?* (Ez 34,2). Para o mundo nada é mais natural e justo do que isto, que quem é senhor (*dominus*) "domine", isto é, aja como patrão; entre os discípulos de Cristo, porém, "não é assim", mas quem é senhor deve servir. *Não é que nós queiramos comandar a fé de vocês. Queremos é contribuir para a alegria de vocês; pois vocês estão se mantendo firmes na fé* (2Cor 1,24). São Pedro dá a mesma recomendação aos pastores, dizendo: *Sem tiranizar aqueles que lhes couberam por sorte, mas tornando-se modelos para o rebanho* (cf. 1Pd 5,3). Não é fácil no ministério pastoral evitar a mentalidade do patrão da fé; esta mentalidade inseriu-se muito cedo na transmissão da autoridade. Num dos mais antigos documentos sobre o ministério episcopal (a *Didascália* siríaca) encontramos já uma transmissão que apresenta o bispo como um monarca em cuja Igreja nada podia ser feito sem antes passar por ele.

Para os pastores, enquanto pastores, é muitas vezes sobre este ponto que se decide o problema da conversão. Como soam fortes e pesadas as palavras de Jesus após o lava-pés: Eu, o Senhor e Mestre!... Jesus *não se apegou ciosamente à sua igualdade com Deus* (Fl 2,6), isto é, não teve medo de comprometer a sua dignidade divina, de favorecer a falta de respeito da parte dos homens, despojando-se de seus privilégios e mostrando-se ser um homem no meio dos homens. Jesus viveu na simplicidade; a simplicidade foi sempre o começo e o sinal de um retorno verdadeiro ao Evangelho. É preciso imitar o agir de Deus. Não há nada – escreve Tertuliano – que caracterize melhor o agir de Deus do que o contraste entre a simplicidade dos meios e modos externos com que age e a grandiosidade dos efeitos espirituais que obtém *(Sobre o batismo* 1; CCL 1, p. 277). O mundo tem necessidade de aparatos para agir e impressionar; Deus não. Houve uma época em que a dignidade dos bispos se ostentava com insígnias, títulos, castelos, exércitos. Eram, como se diz, bispos-príncipes. Mas, na verdade, eram mais príncipes do que bispos. A Igreja hoje, neste ponto, contrastando, vive uma época de ouro. Sei de um bispo que acha muito natural passar muitas vezes algumas horas numa casa de repouso para ajudar os anciãos a se vestir e comer; ele tomou ao pé da letra o lava-pés. Eu mesmo posso dizer que já recebi de alguns prelados os mais belos exemplos de simplicidade na minha vida.

Entretanto, convém também neste ponto, conservar uma grande liberdade evangélica. A simplicidade exige que não nos coloquemos acima dos outros, mas não exige que nos coloquemos sempre e obstinadamente abaixo, para mantermos lá e cá as distâncias. Quer que aceitemos, nas coisas ordinárias da vida, ser como os outros. Há pessoas – diz acuradamente Manzoni – que têm a humildade suficiente para pôr-se abaixo das pessoas de bem, mas não a têm para pôr-se a par com elas *(Os Noivos,* cap. 38). Às vezes o melhor serviço não é servir, mas deixar-se servir, como Jesus sabia fazer. Em diversas ocasiões, estando à mesa, deixou que lhe lavassem os pés (cf. Lc 7,38) e sempre aceitava, de bom grado, os serviços que algumas senhoras generosas e afeiçoadas lhe prestavam durante as suas viagens (Lc 8,2-3).

Há algo ainda que é bom dizer a propósito do serviço pastoral, isto é, dos pastores, e é o seguinte: o serviço aos irmãos, embora importante e santo, não é o primordial nem o essencial; o mais importante é o serviço de Deus. Antes de tudo, Jesus é o "Servo de Javé" e depois é que ele é também o servo dos homens. Ele lembra isso a seus próprios pais, dizendo: *Não sabiam que eu deveria estar naquilo que é de meu Pai?* (Lc 2,49). Ele não duvidava em decepcionar as multidões que vinham para escutá-lo e curar-se de seus males, deixando-as sem que esperassem, para retirar- se à solidão e rezar (Lc 5,16). O serviço evangélico hoje também está ameaçado do perigo da secularização. Hoje se fala com muita facilidade que todo serviço ao homem é serviço de Deus. São Paulo fala de um serviço do Espírito *(diakonia Pneumatos)* (2Cor 3,8), para o que são destinados os ministros do Novo Testamento. O espírito de serviço deve expressar--se nos pastores através do serviço do Espírito!

Quem, como o sacerdote, é chamado por vocação para tal serviço "espiritual", não serve aos irmãos se lhes presta mil outros serviços, mas negligencia o único serviço que eles têm direito de esperar dele, e que só ele lhes pode dar. Está escrito que o sacerdote *é constituído em favor dos homens em suas relações com Deus* (Hb 5,1). Quando surgiu pela primeira vez este problema na Igreja, Pedro o resolveu, dizendo: *Não convém deixarmos de pregar a Palavra de Deus para servir à mesa... quanto a nós, vamos nos dedicar o tempo todo à oração e ao serviço da Palavra* (At 6,2- 4). Há pastores que, na verdade, voltaram a servir à mesa. Ocupam-se de todos os tipos de problemas materiais de sua comunidade, econômicos, administrativos, e, por vezes, até agrícolas (coisas que poderiam muito bem ser confiadas a outros), e abandonam o seu verdadeiro e insubstituível serviço. O serviço da Palavra exige horas de leitura, estudo, oração. Há uma queixa que circula hoje entre os cristãos, muito comum, e é esta: pregação inadequada e vazia dos pastores. Muitos saem da Missa desgostosos da homilia, mais pobres em vez de mais enriquecidos. Para mim este é o problema número um na pastoral: é preciso repetir com Isaías: *Os pobres e os indigentes procuram água, mas nada!* (Is 41,17). O povo pede pão e lhe dão muitas vezes escorpião, isto é, palavras vazias, migalhas, palavras que não são palavras de Deus; ou não lhe dão nada.

Conserva toda a sua atualidade esta página de São Gregório Magno: "Para uma grande messe os operários são poucos: não podemos falar desta escassez sem profunda tristeza, porque há pessoas que escutariam a boa palavra, mas faltam os pregadores. O mundo está cheio de sacerdotes, mas são raros os que trabalham na vinha do Senhor: assumimos a função sacerdotal, mas não fazemos as obras desta função... Perdemo-nos engolfados em negócios terrenos, e mostramos, com fatos, coisa bem diferente do que assumimos com a função sacerdotal. Abandonamos o ministério da pregação e somos chamados bispos, talvez para nossa condenação, uma vez que temos o título honorífico e não as qualidades... Totalmente entregues à faina de coisas terrenas, tornamo-nos sempre mais insensíveis interiormente" (*Homilia sobre os Evangelhos* 17,3.14; PL 76, 1139ss.).

4. O serviço dos pobres

Mas é chegado o momento de tocar num ponto de maior importância a propósito do serviço, aquele que diz respeito a todos, sacerdotes e leigos na Igreja: o serviço dos pobres. O Evangelista São João, em sua primeira carta, escreve: *Ele deu sua vida por nós. E nós também devemos dar nossa vida por nossos irmãos. Se alguém, possuindo os bens deste mundo, vê seu irmão na necessidade e lhe fecha seu coração, como o amor de Deus permanecerá nele? Filhinhos, devemos amar não só com palavras, mas por atos e em verdade* (1Jo 3,16-18). Santo Agostinho diz que com estas palavras "o beato apóstolo João quis claramente explicar-nos o mistério da ceia" (*Sermão* 304,1; PL 38, 1395). Trata-se de algo que, no pensamento de São João, constitui um aspecto essencial do mistério eucarístico.

Podemos ver a razão profunda de tudo isso com uma simples reflexão teológica. Jesus Cristo, cujo corpo e sangue recebemos e adoramos presente no Santíssimo Sacramento do altar, depois da consagração, é, segundo o dogma da Igreja, "verdadeiro Deus e verdadeiro homem". Ora, nós reconhecemos e proclamamos Jesus "verdadeiro Deus" mediante a adoração eucarística de que já falamos no capítulo precedente. Mas, como e com que gesto proclamaremos concretamente nossa fé em Jesus "verdadeiro homem"? Justamente com o serviço dos pobres e dos sofredores! A adoração exprime um aspecto essencial do mistério eucarístico, mas, só isso não basta; é preciso que à adoração se una a partilha. Aquele que disse sobre o pão: *Isto é o meu corpo!,* disse estas palavras também dos pobres. Disse-as quando, falando do que é feito para o faminto, para o desabrigado, para o prisioneiro e para o nu, declarou solenemente: *A mim vocês o fizeram!,* quando, identificando-se totalmente com eles, disse: *Eu* estava com fome, *eu* estava com sede, *eu* era estrangeiro, *eu* estava nu, doente, encarcerado (cf. Mt 25,35ss.).

No pobre e no faminto não há o mesmo gênero de presença de Cristo como há no sinal do pão e do vinho sobre o altar; mas trata-se igualmente de uma presença "real", isto é, verdadeira, não fictícia ou imaginária, porque Jesus identificou-se com eles. Ele "instituiu" este sinal como instituiu a Eucaristia. Podemos dizer que no pobre há uma presença passiva de Cristo, não ativa. De fato, o pobre nem sempre e não necessariamente contém em si Cristo e não o transmite a quem o recebe, como fazem as espécies eucarísticas. Ele não é um "sinal eficaz da graça", como é o sacramento; não produz a graça por si mesmo ou, como diz a teologia "ex opere operato". Tanto isso é verdade que alguém "poderia distribuir todos os seus bens aos pobres", como diz São Paulo, sem que isso em nada o ajude se não tem a caridade (cf. 1Cor 13,3). Contudo não acolhe plenamente Cristo quem não está disposto a acolher com ele o pobre com quem ele se identificou. Por ocasião de sua última doença, já que não podia reter o que ingeria, o grande filósofo cristão B. Pascal ficou por mais tempo sem receber o Santo Viático. Então, não podendo "comungar na Cabeça" quis ter junto de seu leito a companhia de um pobre para poder – dizia – "comungar ao menos nos membros" *(Vida de Pascal,* escrita pela irmã Gilberta).

São Leão Magno dizia que em seguida à ascensão de Jesus ao céu "tudo o que havia de visível em nosso Senhor Jesus Cristo passou aos sinais sacramentais da Igreja" *(Discurso 2 sobre a Ascensão* 2, PL 54, 398). Este princípio – que para São Leão se aplica aos sacramentos e ministérios da Igreja, inclusive o seu ministério pontifical – aplica-se também, por outro lado, aos pobres e todos aqueles que Cristo chama "os seus irmãos menores" (Mt 25,40). Na ascensão, tudo o que havia de humanamente visível em Cristo passou para os pobres e sofredores que o representam ao vivo. De fato, em razão do mistério e do *fato* da encarnação, todo o homem – como prefeririam dizer certos Padres da Igreja – foi assumido de algum modo pelo Verbo, mas em razão e por força do *modo* como aconteceu a encarnação, é o pobre, o sofredor, o rejeitado que foi assumido de um modo todo particular pelo Verbo. Na verdade, Jesus podia nascer e viver como um homem rico, respeitável e glorioso. Contudo, quis nascer e viver como um homem pobre, sofredor e desprezado. A encarnação nos diz que o Verbo se fez "homem", mas o mistério pascal nos diz "que homem" se fez o Verbo: um homem indefeso, condenado e crucificado.

São João Crisóstomo elucida numa página assaz famosa este nexo íntimo entre Jesus presente sobre o altar e o Jesus presente no pobre: "Queres – escreve – honrar o corpo de Cristo? Não permitas que ele seja objeto de desprezo em seus membros, isto é, nos pobres, privados de vestimentas. Não queiras honrá-lo na igreja com seda, quando fora o deixas sofrer o frio e a nudez... Que é que Cristo pode lucrar se a mesa do sacrifício está repleta de vasos de ouro, para morrer depois de fome na pessoa do pobre? Sacia primeiro o faminto, e depois, com o que sobra, podes enfeitar os altares. Queres oferecer-lhe um cálice de ouro, e não lhe queres dar um copo d'água? Que necessidade há de cobrir com véus de ouro o seu altar, se depois lhe negas o traje necessário?... Por isso, enquanto enfeitas o ambiente do culto, não feches o teu coração ao irmão que sofre. Ele é um templo vivo mais precioso que o templo de pedra" *(Homilia in Matth.* 50, 3-4; PG 58, 508s.).

Hoje este dever de honrar Cristo nos pobres é diferente do que era no tempo de Crisóstomo. Não se trata só de dar esmola ao primeiro pobre que aparece; isto até tornou-se em muitos casos assaz problemático e insuficiente. Trata-se é de abrir os olhos, antes de mais nada, para a situação de escandalosa injustiça existente no mundo, que faz com que menos de 20% da população do mundo (que correspondem aos povos ricos e cristãos do hemisfério norte) consuma mais de 80% dos recursos da terra. Eu creio que como na Idade Média houve grandes pontífices e santos que percorreram o mundo para organizar as cruzadas, assim hoje devemos pedir a Deus que suscite um movimento análogo, uma espécie de mobilização em coro de toda a cristandade para uma nova cruzada: a cruzada para libertar os templos vivos de Cristo que são os milhões e milhões de pessoas que morrem de fome, ou de doenças e outros males. Não mais, portanto, o sepulcro vazio de Cristo ou os lugares por onde ele passou, mas os seus sepulcros viventes onde ele agora jaz e sofre. Esta seria uma "cruzada" digna deste nome, digna da cruz de Cristo!

São Paulo via um impedimento para aproximar-se da Eucaristia no fato que "um tem fome e um outro, ao contrário, é ébrio". *Quando, pois, vocês se reúnem em comum, não se trata de tomar a refeição do Senhor. É que, quando estão à mesa, cada um, sem esperar os outros, toma sua própria refeição, e um está com fome, enquanto que o outro está bêbado* (1Cor 11,20-21). Dizer que isto "não é mais comer a ceia do Senhor" é como dizer que esta não é mais a Eucaristia. E uma afirmação gravíssima, também sob o ponto de vista teológico, a que não se dá toda a atenção devida. Ora, esta situação na qual "um tem fome e o outro, ao contrário, é bêbado" existe entre nós e já é não mais local, mas mundial. A ceia do Senhor não deve parecer- se com a ceia do rico epulão na qual se banqueteava lautamente com esquecimento do pobre Lázaro que estava à porta com fome e coberto de úlceras. A ânsia de partilhar com quem está na necessidade, seja quem for, deve ser parte integrante de nossa piedade e de nossa vivência eucarística. Não existe pessoa que, querendo, não possa durante a semana fazer uma dessas obras elencadas por Jesus e das quais ele disse: "A mim vocês o fizeram!" Partilhar não consiste só em "dar" (pão, vestuário, teto), mas também "visitar" (um encarcerado, um doente, um idoso na solidão de sua casa...). Não é só dar dinheiro, mas também dar parte de seu próprio tempo. Os pobres e sofredores não têm menos necessidade de solidariedade e de amor que de pão para comer e de roupa para se trajar. Jesus disse: *Com efeito, pobres vocês sempre terão mas a mim nem sempre* (Mt 26,11). Isto é verdade também no sentido de não podermos comungar sempre do corpo eucarístico de Cristo, e quando acontece de comungarmos, sua presença é também de poucos instantes, mas sempre podemos estar em comunhão com ele através dos pobres. Basta querê-lo; não há limites. Sempre há pobres perto de nós. Todas as vezes que estamos defronte a uma pessoa humana que sofre, especialmente de sofrimentos imensos e intensos, devemos ouvir com os sentidos da fé o que Cristo nos repete: "Isto é meu corpo!"

Logo após ter explicado aos apóstolos o significado do lava-pés, Jesus lhes disse: *Sabendo disso, vocês serão felizes, se o praticarem* (Jo 13,17). Nós também seremos felizes se não nos contentarmos de apenas saber essas coisas – que a Eucaristia nos impele à partilha e ao serviço – mas pondo-as em prática a começar já de hoje. Sim, a Eucaristia não é apenas um mistério a ser consagrado, a ser recebido, a ser contemplado e a ser adorado. Ela é ainda um mistério a ser imitado!

7
"EIS, AGORA ESTÁ AQUI QUEM É MAIS DO QUE SALOMÃO"

A Eucaristia como presença real do Senhor

Iniciei este ciclo de meditações com uma reflexão sobre a Eucaristia na história da salvação; nela o mistério eucarístico nos aparece presente, de modo diverso, em toda a história da salvação: no Antigo Testamento como *figura,* no Novo Testamento como *acontecimento* e no tempo da Igreja como *sacramento.* Falei mais longamente sobre a Eucaristia-sacramento, mostrando como ela "faz" a Igreja mediante a consagração, mediante a comunhão, mediante a contemplação e mediante a imitação. Nestes dois últimos capítulos quero retomar o discurso inicial sobre a Eucaristia na história da salvação com a atenção, porém, voltada já para o presente e o futuro. O mistério cristão – diz Santo Tomás – tem sempre uma tríplice dimensão: é *memória* do passado, é *presença* da graça e é expectativa do cumprimento eterno (cf. *Summa Theologica* III, q. 60, a. 3). Por isso ele chama a Eucaristia "o sacro convívio no qual se recebe

Cristo: celebra-se a memória de sua paixão (passado), a alma é inundada de graça (presente) e a nós é dado o penhor da glória futura".

Agora consideramos a Eucaristia como presença real do Senhor na Igreja, e no capítulo seguinte a Eucaristia como expectativa da segunda vinda do Senhor.

1. "Eis a morada de Deus com os homens!"

Num dia de verão celebrava eu a missa num pequeno convento de enclausuradas. O tema evangélico era Mateus 12. Nunca mais me esquecerei da impressão que me causaram estas palavras de Jesus: *Eis agora aqui quem é mais do que Jonas... Eis agora aqui quem é mais do que Salomão.* Pareceu-me estar escutando essas palavras pela primeira vez. Compreendi que esses dois advérbios "agora" e "aqui" significavam verdadeiramente agora e aqui, isto é, naquele momento e naquele lugar, não só no tempo em que Jesus esteve na terra há tantos séculos. Tive um frêmito que me trouxe à realidade: ali, diante de mim, estava, sim, aquele que era mais do que Jonas, mais do que Salomão, mais do que Abraão, mais do que Moisés: estava o Filho de Deus vivo e verdadeiro! Então compreendi o sentido destas palavras: *Eis que estou com vocês todos os dias...* (Mt 28,20).

A partir desse verão essas palavras passaram a ser-me caras e familiares de um modo diferente. Muitas vezes, na Missa, quando me ajoelho e me levanto depois da consagração, ocorre-me repetir no coração: "Eis aqui quem é mais do que Salomão! Eis aqui quem é mais do que Jonas!" Querendo, nesta meditação, refletir sobre o mistério da presença real de Jesus na Eucaristia, não encontrei nada melhor do que essas palavras, de onde partir e deixar-nos acompanhar por elas no tempo de toda essa nossa reflexão.

Antes de adentrar-nos no mistério da presença real de Cristo na Eucaristia, paremos um instante à entrada e olhemos, como de fora, sobre o pano de fundo de toda a Bíblia. Neste olhar de conjunto, a presença eucarística manifesta-se como o lugar natural da revelação bíblica de Deus, como o esboço final de um desenho que nos revela o verdadeiro rosto de Deus. O Deus da Bíblia é um Deus-conosco, um Deus presente, não um Deus "inexistente para as coisas humanas" e inacessível como era o deus dos filósofos. Por isso ele encontra na Eucaristia o lugar de sua plena e definitiva manifestação. A Eucaristia é a verdadeira sarça ardente onde Deus manifesta o seu nome: Javé, isto é – segundo o genuíno significado de Êx 3,14 – "aquele que é, que está *presente*".

Isaías continua nesta linha falando de um menino que será chamado Emanuel, isto é, Deus-conosco (cf. Is 7,14). Finalmente acontece o fato que realiza todas essas promessas: *E o Verbo se fez carne e veio morar no meio de nós* (Jo 1,14). A presença de Deus antes se manifestava em uma nuvem ou na glória – mas uma glória que ia e vinha e que era intocável – agora se manifesta numa carne visível, palpável, que fica conosco para nunca mais deixar-nos.

Nós temos ouvido, visto, contemplado, tocado o Verbo da vida! (cf. 1Jo 1,1). Nesta lista impressionante de particípios – ouvido, visto, contemplado, tocado – faltava ainda um: comido. E isso aconteceu com a instituição da Eucaristia: "Tomem e comam..."; "Quem come de minha carne terá a vida eterna". A presença de Deus, de genérica e, por assim dizer, externa, se faz pessoal e interna ao homem, e não só de modo intencional e imaterial (como acontece com a vista, com a audição, com a contemplação e com a fé), mas de um modo real, concreto, plenamente adaptado à nossa condição de seres feitos de carne. A Eucaristia é o último grau no longo caminho da "condescendência" de Deus: criação, revelação, encarnação, Eucaristia. Com razão a liturgia da festa do "Corpo do Senhor" aplicava, uma vez, à Eucaristia a palavra de Moisés: *Que nação tem os seus deuses tão perto de si como o nosso Deus está perto de nós?* (Dt 4,7). Diante do tabernáculo nós podemos repetir com toda a verdade as palavras do Apocalipse: *Esta é a morada de Deus com os homens* (Ap 21,3). A Eucaristia está, sim, relacionada com o Mistério pascal, mas está também relacionada com o Mistério da Encarnação. É *memorial de um acontecimento* – a Páscoa – mas é também *presença de uma pessoa:* o Verbo encarnado. Esse traço de união tão íntima está bem claro no evangelho de João, na passagem do primeiro ao sexto capítulo: o Verbo se fez carne (Encarnação) e a carne se fez "verdadeira comida" (Eucaristia). A vida eterna que na Encarnação se fez visível a nós (cf. 1Jo 1,2) agora se faz também comida, se faz "alimento de vida eterna". A Eucaristia traz sua inexaurível força divinizadora justamente do fato de pôr-nos em contato com a carne do Homem-Deus.

2. "Conservem o que é bom"

Mas, transportemo-nos dos umbrais onde estávamos até agora e entremos na nuvem luminosa, além do véu, no "Santo dos santos". Enfrentemos o mistério da presença real de Jesus na Eucaristia. Como enfrentar um mistério tão sublime e tão inacessível? Súbito, vêm-nos logo à mente as infinitas teorias e discussões, as divergências entre católicos e protestantes, entre latinos e ortodoxos, acerca deste mistério, que enchiam os livros nos quais estudamos teologia, nós que estamos em certa idade, e temos a tentação de pensar ser impossível dizer ainda alguma coisa sobre este mistério, que possa servir à fé e aquecer o nosso coração sem resvalar inevitavelmente na polêmica interconfessional. Mas, é justamente esta obra maravilhosa que o Espírito Santo está realizando em nossos dias entre os cristãos. Ele nos impele a reconhecer a parte que tinham, nas nossas disputas eucarísticas, a presunção humana de poder enquadrar o mistério numa teoria, ou até mesmo numa palavra, e também a vontade de prevalecer sobre o adversário. Impele-nos ao arrependimento por termos reduzido o supremo penhor de amor e de unidade, que nos deixou o Senhor, a objeto principal de nossos desentendimentos.

O caminho a seguir nesta caminhada para o ecumenismo é o caminho do mútuo reconhecimento, o caminho cristão do *ágape,* da partilha. Não se trata de passar por cima das reais divergências que há, nem de deixar por menos a autenticidade da doutrina católica. Trata-se antes de reunir os aspectos positivos e os valores autênticos de todas as tradições, e ter o propósito de chegar a um "acervo" de verdade comum que comece a rumar para a unidade. É incrível como algumas posições católicas, protestantes e ortodoxas acerca da presença real resultem divergentes e destrutivas entre si cada vez que há contraposições e alternativas entre eles, enquanto poderiam ser maravilhosamente convergentes se fossem vistas, em conjunto, com senso de equilíbrio. Importa começar por uma síntese; devemos passar, como por uma peneira, todas as grandes tradições cristãs para guardar de cada uma, como nos exorta

São Paulo, "o que é bom" (cf. 1Ts 5,21). É este modo de ver as posições que nos levará a acumular aquilo que é de Deus e a eliminar aquilo que é do homem.

3. Uma presença real, mas escondida: a tradição latina

Vamos, pois, com este espírito, visitar as três principais tradições eucarísticas – latina, ortodoxa e protestante – para edificar-nos com as riquezas de cada uma e reuni-las todas no tesouro comum da Igreja. A ideia que, no fim, teremos do mistério da presença real será mais rica e mais viva. Na visão da teologia latina, o centro indiscutível da ação eucarística, da qual surge a presença real de Cristo, é o momento da consagração. Aí Jesus age e fala na primeira pessoa. A teologia latina recolhe daí todo um filão da tradição patrística. Santo Ambrósio, por exemplo, escreve: "Este pão é pão antes das palavras sacramentais; mas, vindo a consagração, o pão torna-se carne de Cristo... Com que palavras se opera a consagração, e de quem são essas palavras? Do Senhor Jesus! Todas as palavras que são ditas antes daquele momento são ditas pelo sacerdote que louva a Deus, reza pelo povo, pelo rei e pelos outros; mas, quando chega o momento de realizar o venerável sacramento, o sacerdote não usa palavras suas, mas as de Cristo. É, pois, a palavra que opera (*conficit*) o sacramento... Vê quanto é eficaz (*operatorius*) o falar de Cristo? Antes da consagração não era o corpo de Cristo, mas depois da consagração, eu te digo que é o corpo de Cristo. Ele disse e foi feito, ele mandou e foi criado (cf. Sl 33,9)" (Santo Ambrósio, *Sobre os sacramentos* IV, 14-16; PL 16, 439ss.).

Nesta visão latina podemos falar de um *realismo cristológico*. "Cristológico", porque toda a atenção se volta aqui para Cristo, tanto na sua existência histórica e encarnada como na sua Ressurreição; Cristo é o objeto e o sujeito da Eucaristia, isto é, é aquele que é realizado na Eucaristia e é aquele que a realiza. "Realismo", porque este Jesus não está presente no altar simplesmente como um sinal ou um símbolo (isto contra Berengário de Tours), mas, de verdade e com a sua realidade. Tal realismo cristológico é visível, para dar um exemplo, no canto "Ave verum" composto pelo papa Inocêncio IV para a elevação, que diz: "Salve, verdadeiro corpo nascido da Virgem Maria, que realmente sofreu e foi imolado na cruz pelo homem, de cujo peito ferido pela lança correu sangue e água...".

O Concílio de Trento, em seguida, precisou melhor este modo de conceber a presença real usando três advérbios: *vere, realiter, substantialiter*. Jesus está presente *verdadeiramente*, não só em imagem ou em figura; está presente *realmente*, não só subjetivamente para a fé dos fiéis; está presente *substancialmente*, isto é, segundo a sua realidade profunda que é invisível aos sentidos, e não segundo as aparências, que são as do pão e do vinho.

Podia haver, é verdade, o perigo de cair num realismo "cru", ou num realismo exagerado, como se – conforme uma fórmula contraposta à heresia de Berengário – o corpo e o sangue de Cristo estivessem presentes no altar "sensivelmente e pudessem ser, de fato, tocados e partidos pelas mãos do sacerdote e mastigados pelos fiéis" (cf. DS, 690). Mas, o remédio para tal perigo é a própria tradição. Santo Agostinho esclareceu, de uma vez por todas, que a presença real de Jesus na Eucaristia acontece "in sacramento". Com outras palavras, não é uma presença física, mas sacramental, mediante os sinais que são precisamente o pão e o vinho. Neste caso, porém, o *sinal* não exclui a *realidade*, mas a faz presente do único modo que uma realidade espiritual, como é o corpo de Cristo ressuscitado, tem de nos fazer-se presente, enquanto vivemos no corpo.

Santo Tomás de Aquino – um outro grande artífice da espiritualidade eucarística ocidental junto com Santo Agostinho – diz a mesmíssima coisa, falando de uma presença de Cristo "segundo a substância" sob as espécies do pão e do vinho (cf. *Summa Theologica* III, q. 75, a. 4). De fato, dizer que Jesus se faz presente na Eucaristia com sua substância, significa dizer que se faz presente com sua realidade verdadeira e profunda, que só pode ser entendida mediante a fé: "Os olhos, o tato, o gosto: tudo aqui vale pouco; resta só a fé na tua palavra", canta Santo Tomás em "Adoro te devote". No início desta mesma sequência o Santo retoma e desenvolve, de um modo original, a visão sacramental de Agostinho, dizendo que na Eucaristia Cristo está presente através das espécies ou figuras: "Adoro-te devotamente, Deus escondido, que te ocultas verdadeiramente sob estas figuras". A expressão latina "vere latitas" é densíssima de significado; significa: estás escondido, mas tu estás verdadeiramente (aqui o acento está no "vere", na realidade da presença) e significa também: estás verdadeiramente, mas escondido (aqui o acento está em "latitas", no caráter sacramental desta presença). Deste modo fica superado o perigo do realismo "cru". Cristo — diz ainda Santo Tomás em outro de seus hinos eucarísticos — "não é mastigado por quem o come, não é partido nem dividido, mas é todo para quem o recebe" ("Lauda Sion").

Portanto, Cristo está presente na Eucaristia de um modo único, e não há outra forma de ser. Não existe nenhum adjetivo que possa descrever tal presença; nem mesmo o adjetivo "real". Real vem de *res* (coisa) e significa: a modo de coisa ou de objeto; mas Jesus não está presente na Eucaristia como uma "coisa" ou um objeto, mas como uma pessoa. Se quer-se dar um nome a esta presença, melhor fora chamá-la simplesmente presença "eucarística", porque é só na Eucaristia que esta presença se realiza.

4. A ação do Espírito Santo: a tradição ortodoxa

A teologia latina apresenta muitas riquezas, mas não esgota – nem poderia ser – o mistério. Faltou-lhe, ao menos no passado, o devido destaque ao Espírito Santo, que também é essencial para entender a Eucaristia. Eis, então, que nos voltamos para o Oriente para interrogar a tradição ortodoxa, com a intenção, porém, bem diferente da de outros tempos: não mais inquietos pela diferença, mas felizes pelo complemento que traz à nossa tradição latina. Na tradição ortodoxa, de fato, vem à luz a ação do Espírito Santo na celebração eucarística. Este confronto já trouxe, de sobra, os seus frutos depois do Concílio Vaticano II. Até então, no cânon romano da Missa, a única menção do Espírito Santo era, por inciso, a da doxologia final: "Por Cristo, com Cristo, em Cristo... na unidade do Espírito Santo..." Agora, ao contrário, todos os cânones novos trazem uma dupla invocação do Espírito Santo: uma sobre os dons antes da consagração, e outra sobre a Igreja depois da consagração.

As liturgias orientais sempre atribuíram ao Espírito Santo, à sua ação, a realização da presença real de Cristo no altar, e viam, como se sabe, na epiclesis e não na consagração, o momento preciso em que Cristo começa a estar presente. Na anáfora atribuída a São Tiago, em uso na Igreja antioquena, o Espírito Santo é invocado com estas palavras: "Envia sobre nós e estes santos dons apresentados o teu santíssimo Espírito, Senhor e doador da vida, que está contigo, Deus e Pai, e com o teu único Filho. Ele reina consubstancial e coeterno; falou pela lei e pelos profetas e no Novo Testamento; desceu, sob a forma de pomba, sobre nosso Senhor Jesus Cristo no rio Jordão e repousou sobre ele; desceu sobre os santos apóstolos no dia de Pentecostes em forma de línguas de fogo. Envia teu Espírito três vezes santo, Senhor, sobre nós e sobre estes santos dons apresentados, para que, por sua vinda santa, boa e gloriosa, santifique este pão e o faça ser o santo corpo de Cristo (Amém), santifique este cálice e o faça ser o sangue precioso de Cristo (Amém)".

Eis bem mais que uma simples invocação do Espírito Santo. É um olhar amplo e penetrante em toda a história da salvação, que ajuda a descobrir uma dimensão nova do mistério eucarístico. Partindo das palavras do símbolo niceno-constantinopolitano que definem o Espírito Santo "Senhor" e "Doador de vida", "falou por meio dos profetas", amplia-se a perspectiva até chegar a uma verdadeira e própria "história" do Espírito Santo. Ele sempre esteve em ação quando se tratou de dar a vida. No princípio, Adão era um simulacro inerte, feito de barro, mas foi soprado sobre ele "um hálito de vida" e o homem se torna ser vivente. Quando se tratou de chamar à existência do Novo Adão, intervém outra vez o Espírito Santo sobre Maria para, nela, dar vida ao Salvador. No cenáculo, temos um punhado de homens temerosos e incertos, uma espécie de corpo inerte como o do primeiro homem; mas, também aqui, o Espírito sopra e eis que surge a Igreja vivente. É sempre o Espírito que faz dar um salto de qualidade à vida e à história da salvação.

A Eucaristia comporta o cumprimento desta série de intervenções prodigiosas. O Espírito Santo que, na Páscoa, irrompe no sepulcro e "tocando" o corpo inanimado de Jesus o fez reviver, na Eucaristia repete este prodígio. Ele vem sobre o pão e o vinho que são elementos mortos, e lhes dá a vida, faz que se tornem o corpo e o sangue viventes do Redentor. Verdadeiramente – como disse Jesus mesmo falando da Eucaristia – *é o Espírito que dá a vida* (Jo 6,63). Um grande representante da tradição eucarística oriental, Teodoro de Mopsuestia, escreve: "Em virtude da ação litúrgica, o Senhor nosso é como que ressuscitado dos mortos e espalha sobre nós a sua graça pela vinda do Espírito Santo... Quando o sacerdote declara que este pão e este vinho são o corpo e o sangue de Cristo, afirma que isso se tornaram pelo contato do Espírito Santo. A maneira do corpo natural de Cristo, acontece quando recebeis o Espírito Santo e a sua unção. Neste momento, ao sobrevir o Espírito Santo, nós cremos que o pão e o vinho recebem uma espécie de unção e de graça. E a partir daí cremos ser o corpo e o sangue de Cristo, imortais, incorruptíveis, impassíveis e imutáveis por natureza, como o corpo de Cristo na ressurreição" *(Homilia catequética* XVI, 11s.; ST 145, p. 551s.).

É importante ter em conta uma coisa: o Espírito Santo não age separadamente de Jesus, mas dentro da palavra de Jesus. É dele que disse Jesus: *Não falará de si mesmo, mas falará tudo o que ele ouvir e lhes anunciará o que há de acontecer. Ele me glorificará, porque receberá do que é meu e anunciará tudo a vocês* (Jo 16,13-14). Eis por que não há necessidade de separar, e menos ainda contrapor, as palavras de Jesus ("Isto é o meu corpo") das palavras da epiclesis ("O Espírito Santo faça deste pão o corpo de Cristo"). O apelo à unidade para os católicos e irmãos ortodoxos sai das profundidades do mistério eucarístico. Também se, por necessidade de coisas, a lembrança da instituição e a invocação do Espírito Santo se dão em momentos distintos (o homem não pode exprimir o mistério num só instante), a sua ação, porém, é conjunta. A eficácia certamente vem do Espírito Santo (não do sacerdote nem da Igreja), mas tal eficácia se exercita dentro da palavra de Cristo e através dela. Santo Ambrósio exclamava: "Vê quanto é eficaz a palavra de Cristo?" Agora sabemos de quem recebe esta eficácia: do Espírito Santo! Jesus disse: "Isto é o meu corpo", isto é: Quero que este pão seja o meu corpo! E o Espírito Santo cumpre, todas as vezes, esta vontade de Jesus. Realiza-se, pois, aquela maravilhosa "colaboração", que já notei mais vezes: na consagração o Espírito Santo nos dá Jesus para que, na comunhão, Jesus nos dê o Espírito Santo.

A eficácia que faz Jesus presente no altar não vem – já disse – da Igreja, mas – acrescento – não acontece sem a Igreja. Ela é o instrumento vivente através do qual e junto do qual opera o Espírito Santo. Acontece para a vinda de Jesus sobre o altar o que acontecerá para a sua vinda final na glória: *O Espírito e a Esposa* (a Igreja) *dizem a* Jesus – *Vem!* (cf. Ap 22,17). E ele vem.

5. A importância da fé: a espiritualidade protestante

A tradição latina esclareceu "quem" está presente na Eucaristia, Cristo; a tradição ortodoxa esclareceu "por quem" se opera esta presença, pelo Espírito Santo; a teologia protestante esclarece "para quem" realiza tal presença; com outras palavras, sob que condições o sacramento opera, de fato, em quem o recebe, aquilo que ele significa. Estas condições são diversas, mas se resumem numa palavra: a fé.

Não vamos olhar logo para as consequências negativas tiradas, em certos períodos, do princípio protestante segundo o qual os sacramentos não são mais do que "sinais da fé". Deixemos para trás os desentendimentos e as polêmicas, e vejamos agora que este enérgico apelo à fé é salutar justamente para salvar o sacramento e não para relegá-lo (como aconteceu no tempo de Lutero e não só agora) a uma das "boas obras", ou a qualquer coisa que age mais ou menos mecânica e magicamente, quase sem o homem disso tomar consciência. Trata-se, no fundo, de descobrir o significado profundo da exclamação da liturgia no final da consagração, e que, uma vez, se nos lembramos, vinha inserida no centro da fórmula de consagração para sublinhar que a fé é parte essencial do mistério: "Mysterium fidei", mistério da fé!

A fé não "faz", mas somente "recebe" o sacramento. Só a palavra de Jesus repetida pela Igreja e feita eficaz pelo Espírito Santo "faz" o sacramento. Mas, em que ajudaria um sacramento "feito", e não "recebido"? A propósito da Encarnação, homens como Orígenes, Santo Agostinho, São Bernardo, disseram: "Em que me ajuda que Cristo tenha nascido de Maria em Belém, se não nasce também, pela fé, no meu coração?" A mesma coisa deve dizer-se também da Eucaristia; em que me ajuda que Cristo esteja realmente presente no altar, se ele não está presente para mim? De nada serviria que houvesse em qualquer parte uma emissora de rádio, se não houvesse um aparelho para receber as suas ondas. Não existe música onde não há ouvidos para ouvi-la. Já no tempo em que Jesus estava fisicamente presente na terra, a fé acontecia; de outra maneira – como ele mesmo repete muitas vezes no Evangelho – a sua presença não servia para nada, se não para a condenação: "Ai de ti Corozaim, ai de ti Cafarnaum!"

A fé é necessária para que a presença de Jesus na Eucaristia seja não só "real", mas também "pessoal", isto é, de pessoa para pessoa. Uma coisa é "estar", e outra coisa é "estar presente". A presença supõe um que está presente, e outro a quem se faz presente; supõe mútua comunicação, o intercâmbio entre dois sujeitos, que se acolhem um ao outro. Isto é muito mais do que simplesmente estar em um lugar.

Uma tal dimensão subjetiva e existencial da presença eucarística não anula a presença objetiva que precede a fé do homem, mas antes, a supõe e valoriza. Tanto isso é verdade, que o próprio Lutero que exaltou tanto o papel da fé, pôde escrever esta extraordinária profissão de fé na presença real: "Não posso entender as palavras "Isto é meu corpo", de um modo diverso de como elas soam. Toca, pois, a outros demonstrar que, onde a palavra diz: "Isto é meu corpo", o corpo de Cristo aí não esteja. Não quero escutar explicações baseadas na razão. Diante de palavras tão claras, não admito perguntas; recuso o raciocínio e a sã razão humana. Demonstrações materiais, argumentações geométricas: rejeito tudo isso de um modo absoluto. Deus está acima de qualquer fórmula matemática, e é preciso adorar com profunda admiração e estupor a Palavra de Deus" (Lutero, *Colóquio de Marburg de 1529*).

O rápido olhar que lançamos sobre as riquezas das várias tradições cristãs é suficiente para fazer-nos ver quão grande é o tesouro que se descortina à Igreja, quando as várias confissões cristãs decidem pôr em comum os seus bens espirituais como faziam os primeiros cristãos dos quais se dizia que "tinham todas as coisas em comum" (At 2,44). Acontece o que aconteceu na construção do templo no tempo do profeta Ageu. Os israelitas queriam reconstituir e embelezar, cada um, a sua própria casa, quando Deus lhes falou pela voz do profeta: *É para vós tempo de habitar em casas revestidas, enquanto esta casa está em ruínas?* (Ag 1,4). Então o povo começou a carregar madeira para o monte para a reconstrução do templo de Deus, e Deus se agradou do que faziam e lhes manifestou a sua glória.

Parece-me escutar ainda hoje, dirigido a nós cristãos, o lamento de Deus: Podeis estar tranquilos, quando cada um pensa em sua própria "igreja", enquanto o corpo de meu Filho está ainda dividido? São Paulo atribuía a fraqueza da comunidade de Corinto a duas coisas: ao fato de comer a refeição do Senhor "indignamente" (portanto, à sua má conduta) e ao fato de comê-la "separadamente" (portanto, à divisão que havia entre eles). Havia, de fato, aqueles que tomavam a sua refeição contentes consigo mesmos, de comer à saciedade, ignorando completamente os outros (cf. 1Cor 11,20ss.). Devemos ver nesta admoestação um apelo que nos é feito, e aprender a "esperar" uns aos outros para a ceia do Senhor, e a partilhar com todos as riquezas da própria tradição, sem crer que temos tudo e sem desprezar as riquezas dos outros. Este é o grande *ágape* com dimensão de toda a Igreja, que o Senhor quer que, de coração, desejemos e vejamos para a glória do Pai comum e revigoramento da vida de sua Igreja.

6. Sentimento de presença

Chegamos ao fim de nossa breve caminhada eucarística através das várias confissões cristãs. Nós também recolhemos alguns cestos de fragmentos que sobraram da grande multiplicação dos pães que houve na Igreja. Mas, não podemos encerrar aqui a nossa meditação sobre o mistério da presença real. Seria como recolher os fragmentos e não comê-los. A fé na presença real é uma grande coisa, mas não basta; ao menos, a fé entendida no modo só intelectual. Não basta ter uma ideia exata, profunda, teologicamente perfeita da presença real de Cristo na Eucaristia. Há muitos teólogos que conhecem tudo sobre este mistério: conhecem as discussões havidas no tempo de Berengário, e também as de hoje, sobre a transubstanciação e transignificação, mas não conhecem a presença real. Porque, no sentido bíblico, só "conhece" uma coisa quem fez experiência dela. Conhece verdadeiramente o fogo só quem, ao menos uma vez, ficou perto de uma chama e teve de retirar-se logo para não se queimar.

São Gregório de Nissa deixou-nos uma expressão estupenda para indicar este mais elevado nível de fé; fala de "um sentimento de presença" *(aisthesis parousias) (In Cant.* XI, 5, 2; PG 44, 1001), que se tem quando alguém é tocado pela presença de Deus, e tem a certa percepção (não só uma ideia) de sua presença. Não se trata de uma percepção natural; é fruto de uma graça que opera como uma ruptura de nível, um salto de qualidade. Há uma analogia muito forte com aquilo que acontecia quando, depois da ressurreição, Jesus se fazia reconhecer por alguém. Era uma coisa inesperada que, de improviso, mudava completamente o estado de uma pessoa. Na manhã de Páscoa, Jesus aparece a Maria; diz-lhe: *Mulher, por-*

que choras?; ela pensa ser o jardineiro, e nada acontece. É uma conversação normal entre homens. Mas, eis que Jesus pronuncia o seu nome: *Maria!* e, inesperadamente, como um véu que se rasgasse: *Rabboni!* És tu, Mestre! (Jo 20,11ss.). Poucos dias depois, os apóstolos estão pescando no lago; na margem aparece um homem. Começa um diálogo à distância: *Vocês não têm nada para comer?*; respondem: *Não!* Mas, eis que uma luz se acende no coração de João, e ele põe-se a gritar: *É o Senhor!* e então tudo muda, e todos correm para a margem (cf. Jo 21,4ss.). A mesma coisa acontece, embora de um modo mais tranquilo, com os discípulos de Emaús; Jesus caminhava com eles, *mas os seus olhos eram incapazes de reconhecê-lo*; finalmente, no ato de partir o pão, *eis que seus olhos se abriram e o reconheceram* (Lc 24,13ss.).

Pois é, coisa semelhante acontece no dia em que um cristão, depois de receber muitas vezes Jesus na Eucaristia, finalmente, por um dom da graça, o "reconhece" e compreende a verdade destas palavras: *Eis aqui quem é mais do que Salomão!* De uma experiência como esta é que nasceu a Renovação Carismática no seio da Igreja católica. Alguns jovens católicos americanos foram passar o fim de semana numa casa de retiro. À tarde, todos se encontraram na capela diante do Santíssimo. De repente, acontece uma coisa singular, que um deles descreveu assim: "O temor do Senhor apoderou-se de nós todos; uma espécie de terror sacro nos impedia de levantar os olhos. Ele estava ali, pessoalmente presente, e nós tínhamos medo de resistir ao excesso de seu amor. Nós o adoramos e descobrimos, pela primeira vez, o que significa adorar. Fizemos uma ardente experiência da terrível realidade e presença do Senhor. Desde então compreendemos com uma clareza nova e direta as imagens de Javé que, no monte Sinai, ressoa e explode no fogo de seu próprio ser; compreendemos a experiência de Isaías e a afirmação segundo a qual "o nosso Deus é um fogo devorador". Este sagrado temor era, de qualquer forma, a mesma coisa que amor, ou, ao menos, assim sentíamos nós. Era uma coisa sumamente amável e bela, mesmo sem termos visto nada de sensível. Era como se a realidade pessoal de Deus, esplêndida e deslumbrante, tivesse baixado sobre nós na sala para inundar tudo, o ambiente e a todos nós" (*O Espírito e a Igreja*, a cuidado de R. Martin, Nova Iorque 1976, p. 16).

7. A nossa resposta ao mistério da presença real

Da fé e do "sentimento" da presença real deve brotar espontaneamente a reverência, e mais, a ternura por Jesus sacramentado. Este é um sentimento tão delicado e tão pessoal que para falar dele corre-se o risco de deturpá-lo. Escutemos mais uma vez São Francisco, que muitas vezes já foi citado no curso destas meditações como mestre da piedade eucarística. Ele teve o coração repleto de tais sentimentos de reverência e de ternura. Na sua carta intitulada "A todos os clérigos sobre a reverência ao corpo de Cristo", escreve acuradamente: "Todos os que administram tão grandes mistérios considerem, principalmente quem os administra sem o devido respeito, como são de pouco valor os cálices, os corporais, as toalhas usadas para a consagração do corpo do Senhor Jesus Cristo. E por muitos o corpo é abandonado em lugares indignos, é levado de um modo lastimável, é recebido sem as devidas disposições e administrado sem a mínima reverência... Não deveríamos estar cheios de zelo por tudo isso, uma vez que o próprio Senhor, tão bom, se oferece para estar em nossas mãos, nós o temos à nossa disposição e o recebemos todos os dias na comunhão? Porventura ignoramos que havemos de cair em suas mãos? Vamos, emendemo-nos destas coisas e de outras mais, com pressa e com firmeza".

O Poverello enternecia-se diante de Jesus sacramentado como, em Greccio, enternecia-se diante do Menino de Belém; ele o vê tão dado aos homens, tão inerme, tão humilde; sobretudo tão humilde. Para ele trata-se sempre do mesmo Jesus vivo e concreto, jamais de uma abstração teológica. "Faço isto – escreve em seu *Testamento* – porque do Altíssimo Filho de Deus não vejo outra coisa corporalmente neste mundo senão o seu santíssimo corpo e sangue".

A Eucaristia é a maior responsabilidade da Igreja na história. A Igreja é responsável por muitas coisas: por uma sã doutrina, pelo homem, por uma cultura, pelos tesouros da arte. Mas, todas essas responsabilidades são pouca coisa a par da que ela tem nos confrontos do corpo e do sangue do Salvador que são o preço de nosso resgate.

Uma vez, nos primeiros séculos do cristianismo, vigorava a assim chamada "disciplina do arcano". Não se podia falar facilmente da Eucaristia, só por alto, e, muito menos, mostrá-la a todos. Mesmo aos convertidos, o mistério eucarístico só era revelado plenamente uma semana após o batismo: como a neófitos e não como a catecúmenos. Este era um momento muito esperado, próprio para o mistério que o circundava. Por que, perguntamos hoje, tantas precauções? Seria medo de injúria e de violação por parte dos pagãos? Certo que havia também este medo; mas era, no fundo, expressão de um sentimento de veneração e de espanto diante de tamanha vizinhança de Deus. "Arcano" vem da palavra "arca", e esta vem de "arcere", que significa manter distante, esconder, proteger de olhares profanos. Por isso nas inscrições e nas pinturas, a Eucaristia ficava escondida aos pagãos sob o símbolo de peixe e sob outros símbolos. Talvez tenha chegado o tempo de restabelecer a disciplina do arcano. Não nas formas, mas no espírito. Hoje o perigo não é o de profanar a Eucaristia (embora exista este também), mas é o de banalizá-la, reduzi-la a coisa "ordinária" que se pode tratar com desleixo e leviandade. Os sacerdotes devem lembrar essas coisas a si mesmos antes de tudo, porque são eles que lidam diariamente com o corpo e o sangue de Cristo, eles são os "guardiães" encarregados pela Igreja, e são eles os mais expostos ao perigo da rotina, ao perigo de esquecer que se trata de Deus, e que quando se trata de Deus, a confidência deve sempre fazer-se acompanhada da reverência.

A primeira catequese eucarística ao povo é aquela que o pároco faz com o seu modo de estar no altar e de passar diante do Santíssimo. Uma genuflexão diante do tabernáculo feita com o devido modo, pode valer por uma pregação sobre a presença real. Há muitos pequenos sinais que nos fazem ver quanto Jesus está presente na vida de uma comunidade cristã: toalhas sempre limpas, uma flor, talvez uma só mas sempre fresca, uma lâmpada bem cuidada... Não é de se desprezar os sinais externos. Se o Filho de Deus não desdenhou manifestar o seu amor por nós com sinais, como são precisamente os sinais eucarísticos, por que haveremos de ter receio de manifestar-lhe também nós o nosso amor com sinais? É certo que a Jesus agradam mais os sentimentos do coração do que os gestos do corpo; mas, somos nós que temos necessidade dos gestos do corpo para suscitar e exprimir os sentimentos do coração. O zelo e a delicadeza (não a afetação!) com que se tem numa igreja o Santíssimo, é o termômetro para medir a fé e a piedade do sacerdote e da comunidade que aí se reúne.

Alguém que não acreditava na presença real, disse: "Se eu pudesse crer que ali, no altar, Deus está mesmo, eu creio que cairia de joelhos para nunca mais me levantar". Não é isso que Jesus pede de nós, porque temos nossos deveres de caridade e de serviços aos irmãos; não nos pede estarmos sempre de joelhos materialmente, mas espiritualmente, com o coração, isto sim. É possível estar com o coração em adoração diante do Santíssimo enquanto nossas mãos trabalham, absolvem, escrevem. A vida de todo cristão, mas especialmente da alma religiosa e do sacerdote, deve estar orientada para o tabernáculo. Para uma tradição antiquíssima, as igrejas foram sempre "orientadas", isto é, voltadas para o Oriente, porque ao Oriente, em Jerusalém, Cristo se imolou e ressuscitou. Também o templo que é o nosso coração deve estar voltado para o Oriente, para o Sol da justiça que da Eucaristia brilha sobre a Igreja. Jesus disse que onde está o nosso tesouro, aí estará também o nosso coração (cf. Mt 6,21). Mas, o nosso maior tesouro neste mundo ("o tesouro escondido no campo") é justamente Jesus eucarístico. Que ali esteja sempre o nosso coração, que ali retome depois de nosso sono, que fixe sua morada no tabernáculo. É possível passar, em espírito, longas horas de joelhos diante do Santíssimo, também durante o trabalho ou durante a viagem...

É muito importante cultivar o recolhimento, estar presente ao presente. A presença, já vimos, exige presença da outra parte. Nós, porém, mais vezes estamos ausentes. Se Deus é aquele "que é presente", o homem é aquele que "não é presente", que vive fora, alienado, "numa região distante". Repensando o tempo antes de sua conversão, Santo Agostinho exclamava com tristeza: "Tu estavas comigo, mas eu não estava contigo!" (*Confissões* X, 27). Para encontrar Jesus no sacramento, é preciso reentrar dentro de nós mesmos.

Quando os discípulos de Emaús "reconheceram" o Senhor no partir do pão, às pressas, sem se dar conta de que já "era tarde", foram dizê-lo aos outros discípulos que estavam em Jerusalém. Aquele que reconheceu realmente o Senhor na Eucaristia, espontaneamente torna-se apóstolo da presença real. A fé deságua na experiência, e a experiência no testemunho. João Batista é o modelo insuperável de como se prega o mistério da presença real. Não tanto com palavras, como fiz nesta meditação, mas, simplesmente "em espírito e poder", gritando: *No meio de vocês está aquele que vocês não conhecem!* (Jo 1,26). Ele é um "indicador", que aponta com força na direção precisa e diz: *Eis o Cordeiro de Deus!* e todos olham naquela direção, e o deixam para seguir o Cordeiro (cg Jo 1,35ss.). Refletimos sobre a presença real de Jesus em nosso meio; lembremo-nos, finalmente, que essa não é apenas um dom, mas, como dizia, é também uma responsabilidade. Naquele dia Jesus disse: *A rainha do sul se levantará para julgar esta geração e a condenará porque ela veio das extremidades da terra para escutar a sabedoria de Salomão; eis, agora aqui quem é mais do que Salomão!*

8
"ATÉ QUE ELE VOLTE"

*A Eucaristia como expectativa
da volta do Senhor*

Todas *as vezes que vocês comerem deste pão e beberem deste cálice, anunciarão a morte do Senhor até que ele volte* (1Cor 11,26). Em cada Missa pronunciamos esta palavra do Apóstolo: depois da consagração, de fato, nós exclamamos: "Anunciamos a tua morte, Senhor, proclamamos a tua ressurreição na expectativa de tua volta!". É um eco do *Maranatha,* do "Vem, Senhor!" que se ouvia durante a celebração eucarística nos primeiros dias da Igreja. São Jerônimo fala de "uma tradição apostólica" conservada até seus dias, segundo a qual, na vigília da Páscoa, não era lícito despedir o povo antes da meia--noite, porque até aquele momento podia acontecer a parusia do Senhor *(Comentário de Mt* IV, 25,6; CCL 77, p. 236s.). Isto demonstra quanto era concreta e sentida a expectativa da volta de Cristo na primitiva liturgia da Igreja.

1. "Sursum corda!"

A expectativa da volta do Senhor (a "tensão escatológica") não é um fato puramente subjetivo – que existe só na mente de quem se aproxima da Eucaristia – mas, ao contrário, radica-se nas profundezas do mistério, é intrínseca à celebração eucarística.

Na Páscoa hebraica, esta expectativa já era presente, se bem que "em figura". O cordeiro devia ser comido "com os cintos na cintura, os pés calçados, o bordão na mão e às pressas" (cf. Êx 12,11), como quem está para partir. O próprio nome "Páscoa" era interpretado como "passagem" ou "emigração", porque indicava a passagem do homem do Egito para a terra prometida, deste mundo para o Pai. Agora, na Eucaristia, esta "pressa", este desejo de ir avante, é mais espiritual, mais profundo. É o próprio modo de presença de Jesus no sacramento, que desperta no coração o desejo de qualquer coisa a mais. Tal presença é uma presença "velada", isto é, por assim dizer, uma presença-ausência. Como na Encarnação, assim também na Eucaristia, Deus se revela velando-se, e nem poderia ser de outra forma, sem que a criatura fosse aniquilada pelo fulgor de sua majestade. Mas, justamente este seu estar velado gera o desejo da revelação, da visão "sem véus". Quem ama, compreende isso. Compreendeu-o bem quem escreveu as palavras que cantamos no "Adoro te devote": "Jesus, que agora contemplo oculto, faze, te suplico, que se realize o meu ardente desejo de ver-te de rosto descoberto ("revelata facie") e de ser feliz à visão de tua glória". Para quem ama não basta uma presença escondida e parcial. No "Canto da alma que se consome ao ver o Senhor" (este é seu título), São João da Cruz fala da Eucaristia com estas palavras, nascidas certamente da experiência:

Quando para diminuir o anseio
te contemplo no sacramento,
o véu que te esconde
aumenta o meu tormento.
Tudo é para mim angústia
enquanto estiver aqui:
morro porque não morro.

A Eucaristia, em vez de apagar a sede da presença de Deus, aumenta-a e a torna mais ardente. São Paulo diz a mesma coisa com a imagem das "primícias". Nós provamos as primícias do Espírito, mas mesmo provando-as, sentimos que as primícias não nos bastam; as primícias fazem desejar toda a colheita, fazem desejar o Todo. Por isso – acrescenta o Apóstolo – *gememos em nosso íntimo, suspirando pela adoção filial, que é a plena redenção do nosso ser* (Rm 8,23).

Deste modo, a Eucaristia exprime a própria natureza da existência cristã na terra. É o momento privilegiado em que a Igreja experimenta o seu ser de "peregrina" a caminho. Ela é o "alimento dos peregrinos", o sacramento do êxodo que continua, o sacramento pascal, isto é, da "passagem". Na introdução ao prefácio da Missa ressoa, desde os primórdios da Igreja, o grito: "Sursum corda!", corações ao alto! E Agostinho comenta: "Toda a vida dos verdadeiros cristãos é um "sursum cor". Que significa ter "no alto" o coração? Significa ter a esperança em Deus. Quando ouvis o sacerdote dizer: "Sursum corda!", respondeis: *"Habemus ad Dominum!"*, nós o temos voltado para o Senhor! Fazei do modo que mostre ser verdade o que respondeis" *(Ser. Denis* 6; PL 46, 834s.). Muitos Padres da Igreja, referindo-se ao texto de Hebreus 10,1, distinguiam três fases, ou três tempos, na história da salvação: a fase da *sombra*, a fase da *imagem* e a fase da *realidade*: "A sombra está na Lei, a imagem está no Evangelho, mas a realidade está no céu. Aqui caminhamos na imagem; então, quando vier a plenitude da perfeição, veremos face a face, porque a perfeição está na realidade" (Santo Ambrósio, *De offic.* I, 48; PL 16, 94). Por conseguinte, esses mesmos Padres distinguiam, pois, três Páscoas: a Páscoa da Lei, a Páscoa, do Evangelho e a "terceira Páscoa que se cumprirá entre miríades de anjos na festa e no êxodo para o céu" (Orígenes, *Comentário de João*, X, 111, GCS, 1903, p. 189). A ideia da "Páscoa celeste" foi preparada por Jesus mesmo quando, instituindo a Eucaristia, falara de uma misteriosa nova Páscoa que se cumpriria "no reino de Deus" (cf. Lc 22,16).

2. A Eucaristia faz a paróquia

A Eucaristia nos leva, portanto, a viver escatologicamente, com o olhar e o coração voltados para o alto, como peregrinos. Nas meditações anteriores, mostrei como a Eucaristia faz a Igreja; pois bem, nesta última meditação, quero mostrar como a Eucaristia faz a paróquia. Que é uma paróquia? Também para mim foi uma surpresa descobrir que na Bíblia se fala, longa e extensamente, de "paróquia" e de "párocos". Estes termos derivam, de fato, de *paraoikeo,* que ocorre muitas vezes tanto no Antigo como em o Novo Testamento grego. Para se saber que coisa é, ou que coisa deveria ser exatamente uma paróquia, é necessário, portanto, consultar a Bíblia.

Nos Atos dos Apóstolos se lê que Israel esteve "no exílio em terra do Egito" (At 13,17); mas, a palavra que nas traduções modernas significa "exílio", no texto original grego significa "paróquia" (paroikia). Em outro lugar lemos que Abraão, pela fé, passou toda a sua vida como "pároco", isto é, como peregrino e forasteiro (cf. Gn 15,13; Hb 11,9). Mas, vamos agora aos cristãos, isto é, ao novo Israel. Na primeira epístola de Pedro, lemos: *Procurem viver com respeito enquanto estão aqui de passagem* (1Pd 1,17); ao pé da letra: "no tempo de sua paróquia". E ainda: *Eu os exorto, como a estrangeiros e peregrinos, a se absterem dos desejos carnais* (1Pd 2,11); ao pé da letra: "Eu os exorto como párocos".

Que significam estas expressões estranhas, e que significam as palavras *paroikia* e *paroikos?* É simplicíssimo: *para* é um prefixo grego e significa *ao lado; oikia* é um substantivo e significa habitação; portanto, habitar ao lado, vizinho, não dentro, mas, à margem. Daqui o termo passa a indicar aquele que habita num lugar por pouco tempo, o homem de passagem ou então, fora da pátria; *paroikia* indica, pois, uma habitação *provisória.* A este sentido de provisoriedade acrescenta-se o de *precariedade.* De fato, quem é hóspede numa cidade, não goza de todos os direitos de que gozam os cidadãos; por isso *paroikos* indica também o forasteiro, em oposição ao cidadão de pleno direito. Se estoura uma guerra entre a cidade de origem e a que o hospeda, o forasteiro deve saber que o mais seguro é ser neutro, não posicionar-se, a não ser que queira renegar a própria pátria.

Por que, então, a vida cristã é definida pela Bíblia como uma vida de "pároco" e de "paróquia", isto é, de peregrinos e forasteiros? A resposta é muito clara: porque os cristãos estão "no" mundo, mas não são "do" mundo (cf. Jo 17,10.16); porque a sua pátria verdadeira é o céu, de onde esperam que venha, como Salvador, o Senhor Jesus Cristo (cf. Fl 3,20); porque não têm aqui embaixo morada permanente, mas caminham para a futura (cf. Hb 13,14).

Neste sentido, que é o verdadeiro e originário, toda a Igreja não é mais do que uma única grande "paróquia". Este foi, no princípio, o sentimento fundamental da identidade cristã. Isto se vê, por exemplo, nas cartas que trocavam entre si as primitivas comunidades. A famosa carta do papa São Clemente à Igreja de Corinto começava assim: "A Igreja de Deus que habita como forasteira (à letra: que é de paróquia) em Roma, à Igreja de Deus que habita como forasteira em Corinto". Anunciando aos irmãos de uma outra cidade o martírio de São Policarpo, os cristãos de Smirna escreviam: "A Igreja de Deus que habita como forasteira (*paroikousa*: que é de paróquia) em Smirna, à Igreja de Deus que habita como forasteira em Filomelo". A epístola a Diogneto – documento também antiquíssimo – define o cristão como um homem "que habita uma pátria, mas como forasteiro *(paroikos!)* que participa de tudo como cidadão, e que suporta tudo como peregrino; para o qual toda a terra estrangeira é pátria, e toda a pátria é terra estrangeira" *(Ad Diogn.* V, 5).

Isto me faz lembrar uma coisa. Na linguagem atual da diplomacia, o Vaticano se define "um estado estrangeiro", e o papa "o cabeça de um estado estrangeiro". Esta expressão para "aqueles de fora" significa uma coisa, mas para nós fiéis deve significar uma outra bem mais radical. Sim, o Vaticano, como representante e centro da Igreja católica, é um estado "estrangeiro", mas estrangeiro não apenas quanto à Itália onde se encontra, mas quanto ao mundo todo!

Mas, trata-se de ser "estrangeiro" de um modo todo especial. Outras doutrinas inculcaram ao homem o sentido de ser estrangeiro e de fuga do mundo. Em sentido diverso entre eles, platônicos e gnósticos definiam o homem: "por natureza, estrangeiro no mundo". Mas, a diferença é enorme: eles consideravam o mundo obra do mal, e por isso recomendavam a abstenção pelo empenho contra ele, que se exprime no matrimônio, no trabalho, no estado. Nada disso vale para o cristão. Ele é um homem "que se casa e põe filhos no mundo", é um homem "que participa de tudo" *(Ad Diogn.* V, 5-6). O seu modo de ser estrangeiro é escatológico, e não ontológico; ele se sente estranho por vocação, e não por natureza; enquanto é destinado para um outro mundo, e não enquanto proveniente de um outro mundo. O sentimento cristão de ser estrangeiro fundamenta-se na ressurreição de Cristo: "Se vocês ressuscitaram com Cristo, procurem as coisas do alto". Não anula por isso a criação e a sua bondade fundamental.

O conceito de paróquia está integrado na Bíblia pelo conceito de "diáspora", ou dispersão: *Pedro, apóstolo de Jesus Cristo, aos fiéis dispersos...* (1Pd 1,1). Diáspora significa disseminação: os cristãos são semente de Deus dispersa pelo mundo para que, no fim, todo o mundo se transforme em campo de Deus, que produz frutos de bem. Não há hostilidade nem desprezo nos confrontos com o mundo; ele também é de Deus, e Deus "ama o mundo" e quer "salvar o mundo" (cf. Jo 3,16; 12,47). É verdade que os cristãos devem ser também "sal da terra", mas só o serão se não perderem o "sabor", isto é, a sua autenticidade diante do mundo; se souberem implantar um germe de eternidade e de incorruptibilidade neste nosso mundo que é todo dado ao que é temporal e à corrupção. Em outras palavras, os cristãos são "sal da terra" para viver como peregrinos e estrangeiros no mundo.

Dizem que a sabedoria cristã consiste no equilíbrio entre transcendência e imanência. Este equilíbrio é concebido, muitas vezes, como uma espécie de dosagem: um pouco de transcendência e um pouco de imanência, um pouco de atenção ao "outro" mundo e um pouco de atenção a "este" mundo, sem exagerar nem de cá nem de lá. Mas, este é um modo de raciocinar humano e carnal. O equilíbrio nas coisas de Deus não consiste nunca numa dosagem dos contrários, mas na simultânea presença dos contrários com toda a sua força; é preciso "exagerar" indo até ao fundo num sentido e no outro. Isto cria "o teor de vida paradoxal e, na opinião de todos, maravilhoso dos cristãos" *(Ad Diogn.* 5, 4).

O mistério pascal não consiste em pregar um pouco de cruz e um pouco de ressurreição, mas em ir até ao fundo na cruz para depois gozar plenamente a ressurreição. Assim a sabedoria cristã consiste em usar deste mundo como se devesse acabar amanhã, e trabalhar por ele como se não devesse jamais acabar.

3. "Eis o Esposo que vem!"

Começamos assim a entender como e por que a Eucaristia faz a paróquia. Faz a paróquia porque tem os cristãos "com os cintos cingidos, o bastão na mão e as sandálias nos pés", em estado de êxodo permanente; porque impede com seu apelo diário na Missa, que a Igreja se acomode e se torne uma Igreja "instalada" e assentada, uma Igreja que dorme. Este é o tipo de paróquia da qual o mundo tem necessidade: não é lugar onde há de tudo, serviços, atividades e diversões que o mundo mesmo produz e difunde (e dos quais, é isso mesmo, está cansado e desiludido), mas lugar de peregrinação e de alegria. Lugar onde se experimenta a presença do Espírito Santo, e onde quem vem uma vez se sente impelido a admitir que existe algo de diferente, e exclama como os que entravam pela primeira vez numa comunidade cristã dos primeiros tempos: *Verdadeiramente Deus está entre vocês!* (1Cor 14,25).

Infelizmente, com o passar do tempo, perdeu-se muito do significado originário de paróquia, tanto que já percorremos as páginas da Bíblia e não estamos mais nem mesmo em condições de percebê-lo. O termo paróquia passou a significar simplesmente uma porção, ou um distrito administrativo da Igreja local. "Pároco" que originariamente dizia-se de todo o cristão, combinando-se, parece, com um outro termo afim *(parochos*, aquele que providenciava certos serviços a pessoas em trânsito), passou a indicar o responsável ou o administrador de uma paróquia, sem a menor referência à ideia de peregrino e forasteiro.

Em tempos mais próximos de nós, a redescoberta da função e do empenho dos cristãos no mundo contribuiu para atenuar ulteriormente nas consciências o sentido escatológico da vida cristã. Pensamos também nós, como as virgens loucas, que a noite foi feita para dormir. Aconteceu justamente como na parábola: *Como o noivo demorasse a chegar, todas elas sentiram sono e dormiram* (Mt 25,5).

Mas, eis que neste sono profundo em que o mundo caiu, eleva-se um grito: "Virgens prudentes, acendam as suas lâmpadas: eis que o esposo vem!" Como os sentinelas que antigamente transmitiam das torres, uns aos outros, o sinal da chegada do rei, assim deve soar este grito como um alarme para toda a Igreja. O Esposo vem! Vem! Ele disse e o fará. "A sua vinda é certa como a aurora." O Senhor pôs-me no coração um grito, e não consigo resistir; eu o sinto formar-se dentro de mim e arrastar-me como um tufão. Onde quer que eu vá pregar nestes últimos tempos, devo gritar em alta voz: Irmãos, já é tempo de despertar-vos do sono! *O fim de todas as coisas está perto* (1Pd 4,7); *O juiz está às portas* (Tg 5,9). Dentro de mim repito as palavras do salmo do exílio, e digo: Que me cole a língua no céu da boca se não me lembrar de ti; se me esquecer de ti, Jerusalém; se não puser a Jerusalém celeste acima de meus pensamentos e de tudo o que anuncio (cf. Sl 137,5ss.).

É muito fácil entrincheirar-se atrás do pretexto: "Mas, esta é uma pregação apocalíptica, de fim de mundo!" Não é uma pregação apocalíptica, não; é uma pregação escatológica, ou simplesmente cristã. A diferença é esta. *Para a pregação apocalíptica,* importa o "quando" acontecerá a vinda de Cristo, importam o dia e a hora, e é então que aparecem, de tempos em tempos, as previsões de falsos profetas falando do iminente fim do mundo, enquanto que Jesus cortou pela raiz estas especulações dizendo que, quanto àquele dia e àquela hora, ninguém sabe, e que a nenhum de nós é dado conhecer os tempos e os momentos que o Pai reservou só para si (cf. Mt 24,36; At 1,7).

Para a pregação escatológica, o que importa é "o fato que" acontecerá, que haverá um fim, que "passa a cena deste mundo". Mas isso faz a coisa, talvez, menos séria e urgente? Que estupidez consolar-se com o pensamento que ninguém sabe quando será o fim! Como se para mim o fim não pudesse ser amanhã, ou nessa mesma noite. Seria para mim a parusia do Senhor, nem mais nem menos. Jesus no Apocalipse diz: *Virei logo* (Ap 22,20) e Jesus sabe o que diz!

O bispo mártir, São Cipriano, dizia aos cristãos de Cartago: "Irmãos caríssimos, o reino de Deus está às portas; o prêmio da vida, a alegria da salvação perpétua, a felicidade eterna e a posse do paraíso que, num tempo, tínhamos perdido, eis que, passando este mundo, estão para vir; as coisas celestes estão para suceder as terrestres, as coisas grandes estão para suceder as pequenas, as coisas eternas estão para suceder as que passam" (*De mort.* 2; CCL 3A, p. 17s.). Quem poderia afirmar que São Cipriano naquele dia se enganou ou enganou o seu povo, porque já se passaram tantos séculos de lá para cá e aparentemente não aconteceu nada? O que ele disse confirmou-se pontualmente a todos aqueles que o escutaram, e felizes foram aqueles que levaram a sério o que ele disse!

Para se compreender a linguagem da Bíblia e dos Padres neste ponto, é importante ter em conta um fato. Quando falamos, hoje, do fim do mundo, pensamos, conforme nossa cultura moderna, no fim do mundo em sentido absoluto, depois do qual só poderá existir a eternidade. Mas a Bíblia raciocina de um modo mais concreto e com categorias relativas. Quando, pois, fala do fim do mundo, entende muitas vezes falar do mundo de fato existente e conhecido por certo grupo de homens: o "seu" mundo. Trata-se, em suma, mais do fim de "um" mundo e não do fim "do" mundo. Então, não é absolutamente certo que todas as previsões do fim do mundo tenham sido desmentidas pelos fatos. Jesus tinha dito: *Não passará esta geração...* e os fatos lhe deram razão: não passou aquela geração, e "o mundo judaico" terminou tragicamente com a destruição de Jerusalém. Também o mundo romano terminou com a invasão dos bárbaros. Os Padres que na ocasião do saque de Roma em 410 acreditaram ter chegado o fim do mundo, não se atrapalharam na substância das coisas: terminava realmente um mundo, e começava um outro. Com a revolução francesa, um mundo terminou; de igual forma, um mundo terminou com o advento do comunismo em alguns países do leste europeu. E quem diz que, hoje, um certo mundo que construímos, requintado de progresso e de tranquila rebelião contra Deus, não está para terminar no meio de tantas convulsões que acompanham estes momentos da história? Conserva-se intacta e com toda a sua força a palavra de Jesus: *Portanto, estejam preparados também vocês, porque, quando menos esperarem, o Filho do homem chegará!* (Mt 24,44).

4. Expectativa e empenho

Está aqui a fonte da esperança cristã: "O Senhor está chegando – como diz um canto – o cansaço terá fim". São Paulo prefere dizer que ela é a "feliz esperança": vivamos – diz – na expectativa da feliz esperança da manifestação gloriosa de nosso grande Deus e salvador Jesus Cristo (cf. Tt 2,13). É a única grande verdade que move tudo e rumo à qual todos se movem; é a única notícia verdadeiramente importante que a fé tem para dizer ao mundo: O Senhor vem! Não se pode imaginar a vida, o mundo, a própria fé sem uma tal certeza: tudo se empana e torna-se absurdo. Se nós esperamos em Cristo só para o que é desta vida, então merecemos mais compaixão do que todos os demais homens do mundo (cf. 1Cor 15,19). Cada coisa, diziam os antigos, se conhece por seu fim. Por isso não conhece realmente nem mesmo este mundo quem não conhece onde vai "terminar", a que tende. Banaliza a história e a entende mal quem não sabe que ela caminha rumo ao Senhor que vem.

O anúncio da volta do Senhor é a força da pregação cristã. Então, porque calar-se, porque manter oculta esta chama capaz de incendiar o mundo? Eu creio que é para toda a Igreja esta ordem de Deus que está no livro do profeta Isaías: *Escala um alto monte, pregoeira da boa-nova, Sião! Levanta com força a voz, pregoeira da boa-nova, Jerusalém, ergue a voz sem medo! Proclama às cidades de Judá: "Eis aí o vosso Deus"* (Is 40,9s.).

Não anunciar mais o fim do mundo por medo de inquietar o povo é repetir, em sentido mais vasto, a estupidez de parentes que não querem dizer a alguém da família que ele vai morrer, com medo de espantá-lo; isto não impedirá certamente que ele morra; impedirá, ao invés, que ele morra bem. "Mas que espécie de amor é o nosso por Cristo – exclama Santo Agostinho – se tememos que ele venha? E não nos envergonhamos, irmãos? Nós o amamos, e temos medo que venha? Mas, o amamos de verdade? Ou não amamos, por acaso, os nossos pecados mais do que Cristo?" *(Enarr. in Ps. 95-96,* 14; CCL 39, p. 1352).

É um dever urgente restituir aos nossos fiéis a familiaridade, a saudade, o sentido da pátria celeste e, por que não?, do Paraíso. Estas coisas foram-lhes subtraídas, pouco a pouco, por mestres incautos que se deixaram intimidar por certas ideologias ateias, para as quais falar de um "além" sempre é alienação, de qualquer forma que se fale. Quando é genuinamente bíblica, a espera da volta do Senhor não dificulta o empenho aos irmãos, antes, purifica-o. Ensina a "avaliar com sabedoria os bens da terra, sempre orientados para os bens do céu", como diz uma oração litúrgica do Advento. São Paulo, depois de lembrar aos cristãos que "o tempo é breve", concluía dizendo: "Portanto, enquanto temos tempo, façamos o bem a todos e especialmente aos irmãos na fé!" (cf. Gl 6,10). Jesus mesmo nos ensinou que, na esperança de sua volta, devemos lavar os pés uns aos outros. Se a nossa Eucaristia é escatológica, também é verdade que a nossa escatologia é eucarística, isto é, feita de doação e de serviços até a morte.

Viver na esperança da volta do Senhor não significa, de modo algum, desejar morrer logo. Estas coisas não têm nada a ver com o sentimento escatológico. Há quem deseja separar-se logo do corpo para estar com Cristo; quem deseja permanecer neste mundo por longo tempo; enfim, quem prefere dizer com o Apóstolo: *Se a vida nesta carne for útil ao apostolado já não saberei o que escolher* (Fl 1,21ss.), qual é a decisão melhor. Cada um, nisto, tem seu próprio dom. "Procurar as coisas do alto" significa, antes de tudo, orientar a própria existência para o encontro com o Senhor, fazer deste acontecimento o pólo de atração e o farol de sua própria vida. O "quando" também aqui é algo secundário, e serenamente o deixamos à vontade de Deus.

5. "Vamos à casa do Senhor!"

A espera da volta do Senhor não tem, portanto, nada de negativo que se possa qualificar como desgosto do mundo e da vida, mas tem algo de sumamente positivo que é o desejo da verdadeira vida à qual Jesus nos introduz com a sua vinda. A liturgia da Igreja sempre chamou "nascimento" (*dies natalis*) o dia do encontro de todos os santos com o Senhor. Jesus fala de um "parto" (cf. Jo 16,21) e, de fato, será mesmo como o sair do útero tenebroso deste mundo visível e transpor os umbrais à luz da plena verdade.

Não se trata, pois, de uma mensagem de tristeza e, menos ainda, de medo, mas de alegria e de esperança. No saltério hebraico há um grupo de salmos chamados "salmos da ascensão" ou "cânticos de Sião". Eram salmos que os peregrinos israelitas cantavam quando "saíam" em peregrinação para a cidade santa de Jerusalém. Um destes salmos começava assim: *Alegrei-me quando me disseram: "Vamos à casa do Senhor"* (Sl 122,1). Estes salmos da ascensão já se tornaram os salmos daqueles que, na Igreja, estão a caminho da Jerusalém celeste; são os nossos salmos. Comentando as palavras iniciais do salmo, Santo Agostinho dizia a seus ouvintes: "Imaginai, irmãos, o que acontece quando o povo fica sabendo da festa dos mártires, ou quando todos são convocados para uma reunião num determinado dia e lugar para celebrar a festa: então, todos se entusiasmam e, exortando-se mutuamente, dizem: Vamos, vamos! Se perguntam: Mas, aonde vamos? Respondem: Lá, àquele lugar, àquele santuário! Assim falam entre si e o fogo do entusiasmo passa de um para o outro até formar, por assim dizer, uma única chama que nasceu de quem já tinha o coração inflamado e queria que todos fossem para lá, para o lugar santo. Se, portanto, um amor puro logra levar os fiéis para um santuário material, deve ser mais sublime o amor de quem, tendo o coração no céu, vive na concórdia para partilhar com os irmãos a esperança destas palavras: *Vamos à casa do Senhor!* Pois bem, vamos correndo! Corramos porque vamos à casa do Senhor; corramos porque esta corrida não cansa; porque chegaremos a uma meta onde o descanso é eterno. Corramos à casa do Senhor, e nossa alma cante de alegria por todos aqueles que nos repetem estas palavras. Eles viram antes de nós a pátria, e, de longe, gritam a nós que os seguimos: *Vamos à casa do Senhor!* Caminhai, correi! Viram os apóstolos, e disseram: Correi, apressai-vos, entrai! *Vamos à casa do Senhor!" (Enarr. in Ps.* 121, 2; CCL40, p. 1802).

Não se pode participar desta corrida com os passos do corpo, mas com os passos da alma que são os bons desejos, as obras da luz. Jesus foi à frente como o chefe da grande peregrinação da humanidade para Deus, ao santuário celeste. Ele inaugurou para nós "um caminho novo e vivo através do véu que é a sua carne" (cf. Hb 10,20). Nós corremos seguindo os sinais de seus passos; corremos "ao perfume de seu unguento", que é o Espírito Santo.

Em cada Eucaristia, *o Espírito e a Esposa dizem* (a Jesus): "Vem!" (Ap 22,17). E nós que escutamos também dizemos a Jesus: Vem!

Índice

1. "Cristo, nossa Páscoa, foi imolado" 5
2. "Este é meu corpo que é oferecido em sacrifício por vós" 20
3. "Quem comer a minha carne viverá por mim" 35
4. "Se não bebeis o sangue do filho do homem..." 53
5. "Fazei isto em memória de mim" 71
6. "Eu vos dei o exemplo" 87
7. "Eis, agora está aqui quem é mais do que Salomão" 105
8. "Até que ele volte" 127

Este livro foi composto com as famílias tipográficas HoratioDBol e Times New Roman e impresso em papel Offset 75g/m² pela **Gráfica Santuário.**